COF CENEDL XXII

YSGRIFAU AR HANES CYMRU

Golygydd
GERAINT H. JENKINS

Gwasg Gomer

Argraffiad cyntaf – 2007

ISBN 978 1 84323 784 6

© Gwasg Gomer 2007

Dymuna'r cyhoeddwyr gydnabod cymorth
Adrannau Cyngor Llyfrau Cymru.

Argraffwyd gan
Wasg Gomer, Llandysul, Ceredigion

COF CENEDL XXII
YSGRIFAU AR HANES CYMRU

Wyneb-lun: Dadorchuddiwyd y garreg goffa hon i D. J. Williams
yn y Stryd Fawr, Abergwaun, ar 6 Gorffennaf 1985.
Y cerflunydd oedd Vicki Craven.

Tri bonheddigrwydd y Gymraeg, nertholdeb,
hunaniaeth, ac hynafiaeth.

William Owen Pughe

O na ddychwelai y dyddiau arwrol!
Dyddiau rhyddid a chlod a sêl gwladgarol.

Elfed

Ni fu tud heb dreftadaeth,
Y dyn a'i gŵyr nid â'n gaeth.

W. Rhys Nicholas

Cynnwys

Lluniau

Wyneb-lun: Dadorchuddiwyd y garreg goffa hon i D. J. Williams yn y Stryd Fawr, Abergwaun, ar 6 Gorffennaf 1985. Y cerflunydd oedd Vicki Craven.

Rhagair

Yn ystod blynyddoedd olaf y ddeunawfed ganrif ceisiwyd ymestyn ffiniau'r Gymraeg drwy fathu geiriau newydd. Ymhlith y geiriadurwyr a'r ieithgwn amlycaf y pryd hwnnw yr oedd John Walters o Landochau. Ef oedd y gŵr a fathodd y gair 'hunaniaeth' ym 1774. Am ganrifoedd cyn hynny, wrth gwrs, bu cofiaduron y genedl yn porthi'r ymwybyddiaeth o hunaniaeth ymhlith y Cymry. Yn yr Oesoedd Canol gallent ymdeimlo â'r elfennau a oedd yn peri bod Cymru'n genedl ddychmygedig – tras, gwaedoliaeth, yr iaith Gymraeg, Cyfraith Hywel a Christnogaeth – ac yr oedd y rhain yn gyfrwng i fynegi'r ddawn yn nwfn y galon. Ond, yn sgil dyfodiad y Tuduriaid, daethpwyd i ystyried Cymru yn rhan o Loegr. Sonnid am Loegr *a* Chymru, disodlwyd Cyfraith Hywel, ac esgymunwyd y Gymraeg mewn cylchoedd cyhoeddus. Chwedl William Wynne ym 1697: 'Y mae hanes, yn ogystal â phobl, y ddwy genedl yn unedig.' Pan sefydlwyd Teyrnas Unedig Prydain Fawr ac Iwerddon ym 1800 ceisiwyd gosod delw Prydeindod ar Gymru a'i chyfri fwyfwy yn rhan o endid cenedlaethol mwy sylweddol ei faint. Bu ond y dim i Gymru gael ei llyncu gan y Lefiathan hwn ond, o ganlyniad i dwf y Grefydd Brotestannaidd, trawsffurfiad economaidd, dyfodiad democratiaeth ac adfywiad diwyll-iannol, llwyddwyd i greu hunaniaeth newydd o fewn y fframwaith Prydeinig.

Erbyn heddiw, serch hynny, prin y gellir sôn am hunaniaeth genedlaethol unffurf. Diflannodd y Gymru gydryw (os bu erioed y fath beth) ac y mae'r elfennau hynny a fu'n cynnal ymwybod y Cymry (yn enwedig y Cymry Cymraeg) â'u gorffennol yn darfod amdanynt. 'Oblegid yr iaith fyw . . . yr ydym yn Bobl', meddai J. R. Jones yn ei gyfrol *Prydeindod*, ond erbyn hyn dim ond un o bob pump sy'n medru'r heniaith. Breuddwyd gwrach yw disgwyl i'r grefydd Gristnogol, a fu'n rhan mor ganolog o'r ymwybyddiaeth genedlaethol er Oes y Saint, brofi adfywiad nerthol. Ac yn sgil y mewnlifiad Seisnig a thwf y Gymru amlethnig ac amlddiwylliannol, afraid sôn bellach am wehelyth, llinach a thras. Y mae pobl yn fwy troedrydd ac yn llai caeth i fro a chenedl nag erioed o'r blaen. Yr ydym i gyd, fwy neu lai, ar drugaredd elfennau newydd megis globaleiddio, symudoledd a thechnoleg gwybodaeth, elfennau a fydd yn peri, o bosib, y bydd geiriau Waldo –'Ynof, y mae Cymru'n un' – yn colli eu harwyddocâd yn llwyr. Cawn weld.

Hyfrydwch yw diolch i'r chwe chyfrannwr i'r rhifyn hwn am eu cydweithrediad. Llawn mor bleserus yw cydnabod y cynhorthwy gwerthfawr a gefais gan Nia Davies wrth gomisiynu, casglu, golygu a phrosesu'r deunydd. Diolchaf yn gynnes hefyd i Eleri Huws o Gyngor Llyfrau Cymru a Menna Davies am gymorth anhepgor, ac i Bethan Mair a'i chyd-weithwyr yng Ngwasg Gomer am lywio rhifyn arall drwy'r wasg yn ddidramgwydd.

Gŵyl Owain Glyndŵr, 2006   *Geraint H. Jenkins*

Y Cyfranwyr

Dr T. ROBIN CHAPMAN, Darlithydd, Adran y Gymraeg,
Prifysgol Cymru, Aberystwyth

Dr ROBIN GWYNDAF, Cymrawd er Anrhydedd,
Amgueddfa Werin Cymru

Dr CHRISTINE JAMES, Uwch-ddarlithydd, Adran Iaith a
Llenyddiaeth Gymraeg, Prifysgol Cymru Abertawe

Dr RHYS JONES, Uwch-ddarlithydd, Sefydliad Daearyddiaeth
a Gwyddorau Daear, Prifysgol Cymru, Aberystwyth

Yr Athro HUW PRYCE, Ysgol Hanes a Hanes Cymru,
Prifysgol Cymru, Bangor

Dr DAFYDD TUDUR, Swyddog Prosiect/Golygydd,
Culturenet Cymru, Llyfrgell Genedlaethol Cymru

Dymuna'r golygydd a'r cyhoeddwyr ddiolch i'r canlynol am ganiatâd i atgynhyrchu'r lluniau hyn:

Amgueddfa Werin Cymru: Rhifau 13, 14, 15, 16, 18.
Amgueddfeydd ac Orielau Cenedlaethol Cymru: wyneb-ddalen.
Archifdy Prifysgol Cymru, Bangor: Rhifau 19, 22, 23.
Cambrian News: Rhif 36.
Canolfan Hywel Dda, Hendy-gwyn: Rhif 10.
Casgliad Lluniau Hulton Getty: Rhif 6.
Coleg Corff Crist, Caer-grawnt: Rhif 4.
Llyfrgell Genedlaethol Cymru: Rhifau 2, 7, 8, 9, 11, 12, 17, 20, 21, 24, 25, 26, 27, 28, 29, 30, 33, 34.
Prifysgol Cymru, Aberystwyth: Rhifau 31, 32, 35.
Yr Archifau Cenedlaethol: Rhifau 1, 3, 5.

GRYM Y GAIR YSGRIFENEDIG: TYWYSOGION CYMRU A'U DOGFENNAU, 1120–1283

Huw Pryce

'Y mae'n fwy anrhydeddus a chyson â rheswm ein bod ni'n dal oddi wrth y brenin y tiroedd y mae gennym hawl iddynt nag ein dietifeddu a'u trosglwyddo i estroniaid.'

Llywelyn ap Gruffudd

Ym mis Mai 1212 daeth nifer o wŷr blaenllaw canolbarth Cymru ynghyd ym mynachlog Sistersaidd Cwm-hir. Diben eu cyfarfod oedd tystio i dair rhodd o dir gan Fadog ap Maelgwn, arglwydd Maelienydd (rhanbarth a gyfatebai'n fras i sir Faesyfed). Cyflwynodd Madog y tiroedd i abad Cwm-hir am byth a'u rhyddhau rhag pob treth a gwasanaeth; at hynny, tyngodd ef a'i uchelwyr lw y câi unrhyw un dan ei awdurdod a feiddiai amharu ar y rhodd ei alltudio a'i ddietifeddu nes iddo ei hadfer i'r mynaich mewn heddwch. Adlewyrchai'r seremoni nid yn unig ddefosiwn Madog ond hefyd ei rym fel tirfeddiannwr ac arglwydd dros bobl Maelienydd. Ond yr oedd arwyddocâd gwleidyddol pellach i'r achlysur, oherwydd tyngodd yr uchelwyr yn ogystal na fyddent byth yn dioddef arglwyddiaeth tywysog arnynt – cyfeiriad, y mae'n debyg, at Lywelyn ab Iorwerth neu Lywelyn Fawr (m. 1240) o Wynedd – ac y byddent yn ei wrthod pe ceisiai fynnu unrhyw hawliau dros y tiroedd yn hytrach na'u gwarchod gyda'r mynaich. Dyma gip, felly, ar rai o'r tensiynau a godai wrth i Lywelyn geisio sefydlu goruchafiaeth ehangach dros yr arglwyddi Cymreig eraill. Cawn gadarnhad o'r drwgdeimlad rhwng Madog a Llywelyn mewn llythyr o eiddo'r tywysog a ysgrifennwyd tua'r un pryd â'r cynulliad yng Nghwm-hir, neu efallai ychydig wedi hynny, yn galw ar Fadog i beidio â'i dalu'n ôl mewn drygioni am y daioni a wnaeth iddo trwy ei feithrin a'i ddyrchafu gynt.

Ni cheir sôn am y digwyddiadau ym mynachlog Cwm-hir ar dudalennau unrhyw gronicl. Fe'u hadroddir, yn hytrach, ar ddarn bach o femrwn (tua 130 milimedr fesul 114 milimedr), sef siarter yn enw Madog a ysgrifennwyd yn ddestlus mewn Lladin gan aelod o'r gymuned er mwyn darparu cofnod parhaol o'r grantiau o dir a'r addewidion a wnaed i'w hamddiffyn. O ran ei ffurf, math o lythyr i'r cyhoedd oedd y siarter hon yn y bôn. Y mae'n agor fel a ganlyn: 'I holl ffyddloniaid Crist yn y presennol yn ogystal ag yn y dyfodol, Madog ap Maelgwn, cyfarchiad a heddwch. Fe wyddoch bawb ohonoch fy mod i wedi ildio i fynaich Cwm-hir sy'n gwasanaethu Duw a'r Forwyn Fendigaid yno, ac wedi rhoi fel elusen barhaol, y tir a elwir Bryn-y-groes . . .' Eir rhagddo i fanylu ar y tiroedd a'r hawliau a drosglwyddwyd, a'r llwon a dyngwyd i'w gwarchod, cyn gorffen gyda rhestr o dystion a chymal yn nodi bod y ddogfen wedi ei rhoi yn llaw'r Abad Rhirid ym mis Mai (ni nodir y flwyddyn, ond 1212 sy'n cyddaro orau â'r cyd-destun hanesyddol). Dilyswyd y cyfan trwy osod sêl Madog ar gŵyr poeth a gosod y ddelwedd o'r sêl ar stribed o femrwn a gysylltwyd â gwaelod y siarter. Dogfen gyfreithiol, felly, yn ymwneud â rhoddion o dir oedd y siarter hon. Ond yr oedd yn fwy ac yn llai na hynny hefyd: yn fwy, gan ei bod yn symbol gweladwy o statws ac awdurdod Madog; yn llai, oherwydd mai rhan yn unig o broses ehangach ydoedd, proses a ddibynnai lawn gymaint, os nad mwy, ar weithredoedd gweladwy a llafar (yn arbennig llwon) ag ar y gair ysgrifenedig.

Nod yr ysgrif hon yw trafod rhai agweddau ar y siarteri a dogfennau eraill a gynhyrchwyd ar ran tywysogion ac arglwyddi cynhenid Cymru yn ystod y cyfnod cythryblus rhwng teyrnasiad Gruffudd ap Cynan (m. 1137), brenin Gwynedd, a choncwest Edward I ym 1282–3. Y mae'r dogfennau hyn yn haeddu sylw am sawl rheswm. Cynigiant wybodaeth werthfawr am nawdd y tywysogion i dai crefydd, a chan hynny am y tiroedd dan eu hawdurdod ac enwau lleoedd, yn ogystal â pherthynas y tywysogion ag arglwyddi eraill yng Nghymru a thu hwnt, yn enwedig brenin Lloegr ond hefyd frenin Ffrainc ac eglwyswyr blaenllaw, gan gynnwys y Pab. Un o nodweddion pennaf y dogfennau yw eu bod, at ei gilydd, yn cynnig tystiolaeth gyfoes: hynny yw, yn wahanol i gronicl neu fuchedd sant, er enghraifft, fe'u cyfansoddwyd ar fwy neu lai'r un adeg â'r weithred neu'r neges a fynegir ganddynt. Nid yw'n dilyn, serch hynny, fod siarter neu lythyr yn gofnod cyflawn o'r gweithredoedd y cyfeiria atynt, nac yn ffynhonnell wrthrychol; daeth ysgolheigion yn y maes yn ymwybodol iawn o'r angen i drin dogfennau o'r fath fel testunau llenyddol, fel petai, gan sylwi'n fanwl ar eu ffurf a'u hiaith a'r cymhellion y tu ôl i'w cyfansoddi. A dyna reswm arall dros eu pwysigrwydd, sef bod y dogfennau a fydd gennym dan sylw yn datgelu llawer am ddiwylliant ysgrifenedig Cymru, ac yn enwedig y patrymau amrywiol a ddilynid wrth lunio siarter neu lythyr. Dylid crybwyll yn y cyswllt hwn eu bod yn bwrw goleuni ar y defnydd nid yn unig o'r Lladin, iaith pob un o'r dogfennau sy'n hysbys ac eithrio llond llaw mewn Ffrangeg, ond hefyd o'r Gymraeg, gan fod yr ysgrifwyr wedi cynnwys enwau personol ac enwau lleoedd Cymraeg, a hefyd, mewn rhai siarteri megis un yr Arglwydd Rhys o Ddeheubarth i fynachlog Ystrad-fflur ym 1184, ddarnau cysylltiol yn yr iaith honno wrth ddisgrifio ffiniau'r tiroedd a roddwyd.

Yn fwy cyffredinol, adlewyrcha dogfennau'r tywysogion duedd ehangach yng Nghymru i fabwysiadu agweddau ar ddiwylliant Ewropeaidd â'i wreiddiau yn Lloegr a gogledd Ffrainc, tuedd a adlewyrchir hefyd, er enghraifft, yn y cestyll, y mynachlogydd a'r trefi a adeiladwyd o ddiwedd yr unfed ganrif ar ddeg ymlaen. I raddau gorfodwyd y newidiadau hyn ar y Cymry yn sgil concwestau'r Eingl-Normaniaid a greodd arglwyddiaethau'r Mers, ond fe'u hyrwyddwyd yn ogystal gan barodrwydd y brenhinoedd a'r tywysogion Cymreig i addasu elfennau o'r diwylliant Ewropeaidd fel rhan o'u hymgais i gadarnhau ac ymestyn eu hawdurdod. Eto i gyd, rhaid pwysleisio mai dewis a dethol o blith amryw o batrymau estron a wnaeth y tywysogion yn hytrach na cheisio efelychu un patrwm neu set o batrymau'n llwyr, ac y mae'r un peth yn wir am y dogfennau a gyhoeddwyd ar eu rhan.

Bydd y drafodaeth ganlynol yn canolbwyntio'n bennaf ar y graddau y defnyddid dogfennau gan y tywysogion er mwyn

1 Dalen gyntaf *Littere Wallie*, casgliad o ddogfennau Cymreig a gopïwyd
ar ddiwedd y drydedd ganrif ar ddeg yn Liber A Siecr Brenhinol Lloegr.

mynegi eu grym. Ond cyn troi at y pwnc hwnnw'n benodol, y mae angen braslunio ychydig rhagor o gefndir ac egluro faint a pha fath o dystiolaeth sydd gennym. O'u cymharu â'r miloedd ar filoedd o siarteri a ysgrifennwyd yn Ewrop yn yr Oesoedd Canol, cnwd tenau sy'n weddill o Gymru yn oes y tywysogion. Gan gynnwys testunau sydd wedi goroesi mewn copïau yn unig, yn ogystal â dogfennau gwreiddiol, erys tua 200 siarter, ychydig dros 100 o lythyrau, bron 70 llythyr agored (Lladin: *litterae patentes*) a rhyw 60 o ddogfennau eraill, yn eu plith cytundebau a deisebau. At hynny, gwyddom am fodolaeth dros 170 o ddogfennau eraill sydd heb oroesi ond y cyfeirir atynt mewn ffynonellau eraill. Wrth gwrs, y mae'n rhaid bod dogfennau eraill wedi eu colli. Mynachlogydd a thai crefydd eraill yng Nghymru a elwai'n bennaf ar roddion y tywysogion a gofnodwyd mewn siarteri, ond collwyd y cwbl neu'r rhan helaethaf o archifau y mwyafrif mawr o'r sefydliadau hyn; yr unig archifau sylweddol sydd gennym o hyd yw eiddo mynachlogydd Sistersaidd Margam ym Morgannwg ac, i raddau llawer llai, Ystrad Marchell ger Y Trallwng ym Mhowys. At hynny, nid oedd amgylchiadau gwleidyddol Cymru'r ddeuddegfed ganrif a'r drydedd ganrif ar ddeg yn ffafriol i barhad archifau'r tywysogion eu hunain. Rhannwyd y wlad rhwng nifer o dywysogaethau ac arglwyddiaethau Cymreig yn ogystal ag arglwyddiaethau'r Mers, a byddai'r rheini'n aml yn ymladd yn erbyn ei gilydd. Hyd yn oed y tu mewn i'r tywysogaethau mwyaf grymus, gan gynnwys Gwynedd, dwysawyd yr ansefydlogrwydd gan ymgiprys rhwng aelodau gwahanol o'r llinach am yr olyniaeth i'r orsedd, ymgiprys yr oedd Coron Lloegr yn ddigon parod i fanteisio arno ar adegau.

Yna, yn sgil concwest Edward I ym 1282–3, daeth llywodraeth y tywysogion i ben. Yr oedd dyfodol eu harchifau bellach ar drugaredd swyddogion y brenin, a dyna sut y daeth rhai o ddogfennau'r tywysogion yn rhan o'r casgliad o 'lythyrau Cymru' (*littere Wallie*) yn y cyfnod rhwng 1217 a 1292 a baratowyd ymhen ychydig o flynyddoedd wedi'r goncwest gan swyddogion y Siecr Brenhinol a'i gopïo mewn llyfr mawr a thrwchus a adwaenir fel 'Liber A'. Yn wir, y mae hanner dogfennau'r tywysogion i gyd (ynghyd â 70 y cant o ddogfennau tywysogion Gwynedd) wedi goroesi yn yr Archifau Cenedlaethol yn Llundain sy'n deillio o'r archifau brenhinol, yn eu plith copïau o siarteri ar gyfer tai crefydd megis Ystrad-fflur ac Ynys Lannog a gynhwyswyd mewn siarteri brenhinol yn cadarnhau rhoddion blaenorol i'r tai hynny. Ceir rhagor o ddogfennau mewn archifau a llyfrgelloedd eraill yn Lloegr. Eithriad prin, ar y llaw arall, yw siarter Madog ap Maelgwn o ran ei lleoliad presennol: bu yn y Bibliothèque Nationale ym Mharis er tua 1886, ac erys ychydig o ddogfennau eraill neu gopïau ohonynt ar y Cyfandir yn ogystal. Wrth gwrs, diogelwyd nifer sylweddol o ddogfennau gwreiddiol a chopïau yng Nghymru, yn enwedig yn y Llyfrgell Genedlaethol a hefyd mewn rhai archifdai sirol, gan gynnwys copïau gan hynafiaethwyr o'r cyfnod modern cynnar – er enghraifft, pedwar copi o'r fath yw ein hunig ffynonellau ar gyfer llythyr Llywelyn at Fadog ap Maelgwn ym 1212. Serch hynny, y mae'n drawiadol bod y mwyafrif o'r ffynonellau llawysgrifol ar gyfer dogfennau'r tywysogion wedi goroesi y tu allan i Gymru, yn bennaf yn Lloegr.

Er dyddiau'r ysgolhaig Jean Mabillon, mynach Benedictaidd o'r ail ganrif ar bymtheg, datblygodd ysgolheigion ddulliau arbennig o ddadansoddi siarteri a dogfennau eraill, dulliau a ffurfiai wyddor a elwir yn ddiplomateg. Yn wreiddiol, prif nod yr wyddor hon oedd gwahaniaethu rhwng dogfennau ffug a rhai dilys, ond daeth yn fodd i ddosbarthu gwahanol fathau o ddogfennau a hefyd y rhannau gwahanol o ddogfennau unigol. Er enghraifft, daethpwyd i wahaniaethu rhwng nodweddion allanol megis maint, ysgrifen a dulliau selio (yn achos dogfennau gwreiddiol yn unig, wrth reswm) a nodweddion mewnol – yn y bôn, ffurf ac iaith y ddogfen (boed yn wreiddiol neu'n gopi), gan gynnwys y math o rannau a chymalau a geir ynddi a'r fformiwlâu a ddefnyddir yn y cymalau hynny. Y mae'r gwahaniaeth sydd yn ymhlyg yn y dosbarthiad hwn rhwng dogfennau gwreiddiol a chopïau yn un sylfaenol. Nid yw'n syndod, o ystyried y colledion archifyddol y cyfeiriwyd atynt eisoes, fod dros hanner y dogfennau a berthyn i dywysogion Cymru sy'n hysbys i ni heddiw ar gael mewn copïau yn unig, rhai ohonynt yn anghyflawn (er enghraifft, tueddai copïwyr diweddarach i docio rhestrau tystion neu eu hepgor yn gyfan gwbl); eto i gyd, yn y mwyafrif o achosion, y mae lle cryf i gredu bod y copïau hynny yn deillio o ddogfennau dilys. Ceir ambell eithriad, serch hynny, yn enwedig dwy siarter yn enw Llywelyn ab Iorwerth i fynachlog Aberconwy a gynhwysir mewn cadarnhad brenhinol o'r bedwaredd ganrif ar ddeg, siarteri a ffugiwyd, y mae'n debyg, wedi'r Goncwest Edwardaidd, a barnu yn ôl nifer o nodweddion amheus, gan gynnwys geiriau nas defnyddiwyd fel arall ar adeg honedig llunio'r siarteri ym 1199.

Dosbarthiad pwysig arall sy'n berthnasol i'r drafodaeth bresennol yw'r un rhwng mathau gwahanol o ddogfen, yn enwedig y siarter (Lladin: *carta*), y llythyr agored (Lladin: *litterae patentes*) a'r llythyr (Lladin: *litterae*). Yr oedd i bob un o'r rhain ei phwrpas a'i chonfensiynau arbennig. Defnyddid siarter ar gyfer rhoddion parhaol o diroedd a hawliau; llythyr agored ar gyfer cyhoeddi ymrwymiad arbennig megis telerau cytundeb heddwch neu grant dros dro, a phenodi cynrychiolydd diplomyddol, a llythyr ar gyfer cyfathrebu ag unigolion, fel arfer mewn cyd-destun gwleidyddol neu ddiplomyddol. (Seliwyd llythyr agored yn yr un ffordd â siarter, sef ar stribed o femrwn neu gortynnau a gysylltid â gwaelod y ddogfen; felly, yr oedd yn bosibl darllen y ddogfen heb dorri'r sêl. Ar y llaw arall, yn achos llythyrau at unigolion, a barnu yn ôl yr enghreifftiau gwreiddiol sydd gennym o'r drydedd ganrif ar ddeg, y mae'n debyg mai'r drefn arferol oedd selio 'yn gaeedig', sef creu 'tafod' trwy dorri ar hyd rhan o waelod y memrwn a'i ddefnyddio i glymu'r llythyr fel pecyn wedi ei blygu ac yna gosod y sêl ar y cwlwm er mwyn cysylltu'r 'tafod' â gweddill y memrwn.) Er bod cryn amrywiaeth rhyngddynt, cyfatebai mwyafrif mawr y dogfennau hyn i batrymau'r byd Eingl-Normanaidd ac Angywaidd o ran eu ffurfiau sylfaenol. Prin iawn yw olion dylanwad *diploma* cyfandir Ewrop ar siarteri'r tywysogion, er enghraifft, a dim ond un, sef siarter Madog ap Maredudd (m. 1160), brenin Powys, i eglwys Trefeglwys yn Arwystli, sy'n dilyn patrwm y siarteri Cymreig a luniwyd yn yr Oesoedd Canol Cynnar. Felly, er nad oedd ysgrifennu siarteri – na llythyrau, o ran hynny – yn beth newydd yng Nghymru'r ddeuddegfed ganrif, yr oedd *ffurf* y siarteri, o leiaf, yn wahanol i'r hyn a ddefnyddid gynt, ac yn adlewyrchu dylanwadau newydd o'r tu allan. Yn yr un modd, cydymffurfiai llythyrau at unigolion â chonfensiynau Ewropeaidd ehangach, gan eu bod yn dilyn y rheolau penodol – a seiliwyd ar y dulliau o ddysgu rhethreg – a ddyfeisiwyd ar gyfer cyfansoddi dogfennau o'r fath.

Un cwestiwn sy'n codi wrth ystyried sut y gallai'r defnydd o ddogfennau fynegi grym tywysog yw pwy fu'n gyfrifol am eu llunio. Yr ateb byr yw eglwyswyr. Ar wahân i ddyrnaid bach mewn Ffrangeg, testunau Lladin oedd y rhain, wedi'r cwbl, a go brin bod unrhyw dywysog yn ddigon hyddysg yn yr iaith honno (os oedd ganddo wybodaeth ohoni o gwbl) i fedru cyfansoddi siarter neu lythyr ynddi. Yn y cyfnod hwnnw yr oedd yn arferol i frenhinoedd a thywysogion, ac esgobion hefyd o ran hynny, ddefnyddio clerigwyr fel ysgrifenyddion. Yn wir, yr oedd gan lywodraethwr mawr megis y Pab, yr ymerawdwr Almaenig, neu frenin Ffrainc neu Loegr, ei swyddfa ysgrifennu neu siawnsri, dan ofal swyddog o'r enw'r cynghellor. Ymddengys fod swyddfa ysgrifennu, a'i gwreiddiau yng nghapel y tywysog, wedi ei chreu yng Ngwynedd erbyn ail chwarter y drydedd ganrif ar ddeg, er na ddaeth hi'n sefydliad mor fawr a biwrocrataidd â'r eiddo siawnsri brenin Lloegr, er enghraifft. (Nid oes tystiolaeth fod gan unrhyw dywysog neu arglwydd Cymreig y tu allan i Wynedd swyddfa o'r fath yn y cyfnod cyn y Goncwest.)

Eto i gyd, er bod modd i'r tywysogion alw ar eglwyswyr – boed yn glercod, neu'n fynaich unigol, neu'n aelodau swyddfa ysgrifennu – i gynhyrchu dogfennau ar eu rhan, nid yw'n dilyn bod pob dogfen a gynhyrchwyd yn enw tywysog wedi ei llunio gan ysgrifennydd o'r fath. Y mae'n wir mai dyna oedd yn arferol yn achos llythyrau at unigolion, a'r rhain yw'r dogfennau sydd yn fwyaf tebygol o adlewyrchu ewyllys ac efallai geiriau'r tywysog, er bod y rheini wedi eu trosi gan ei glerc i gyfrwng y Lladin a'u cyflwyno mewn dull a gydymffurfiai â'r confensiynau disgwyliedig. Ar y llaw arall, y mae lle cryf i amau mai mynaich, yn hytrach na chlercod a oedd yn gysylltiedig â'r llys, a fu'n gyfrifol am lunio'r rhan fwyaf o siarteri'r tywysogion ar gyfer tai crefydd. Wrth gwrs, hyd yn oed yn yr achosion hyn, cyfrannai'r tywysog at y proses o gynhyrchu'r ddogfen: yn un peth, ni fyddai'r siarter yn ddilys nes iddo osod ei sêl arni; ac ar ben hynny, rhaid bod cynnwys y siarter yn adlewyrchu canlyniad trafodaethau rhwng y tywysog a'r fynachlog ynglŷn â'r tiroedd a hawliau a roddwyd, a byddai angen i bwy bynnag a ysgrifennodd y ddogfen sicrhau ei fod yn cyfeirio at y tywysog yn y dull cyfredol, gan gynnwys unrhyw deitl (megis Tywysog Gogledd Cymru) a ddefnyddiai. Eto i gyd, nid rhywbeth unigryw i Gymru oedd hyn: yr oedd tai crefydd yn llunio siarteri ar gyfer brenhinoedd ac arglwyddi mewn rhannau helaeth o Ewrop yn y cyfnod hwn. Ond dichon fod yr arfer yn fwy cyffredinol, ac wedi parhau yn hwy, yng Nghymru'r tywysogion nag a wnaeth mewn teyrnasoedd ac arglwyddiaethau mwy eu maint, lle y daeth siawnsri'r brenin neu arglwydd i gynhyrchu nifer cynyddol o siarteri o ddiwedd y ddeuddegfed ganrif ymlaen. At hynny, y mae'n werth nodi y gallai amgylchiadau gwleidyddol anffafriol gyfyngu'n arw ar allu tywysog i reoli cynnwys dogfen a seliwyd ganddo. Gwelir enghraifft o hyn mewn cyfres o lythyrau agored a gyhoeddodd Dafydd ap Llywelyn yn derbyn amodau heddwch llym yng Ngwerneigron ger Llanelwy ar ôl iddo gael ei drechu gan fyddin ei ewythr, y Brenin Harri III, ym 1241 – llythyrau a gynhyrchwyd gan, neu o leiaf dan gyfarwyddyd, siawnsri'r brenin, yn ôl pob tebyg, a barnu yn ôl rhai nodweddion megis yr ystîl diraddiol a amddifadai Dafydd o unrhyw deitl, sef 'Dafydd mab y Llywelyn a fu'n dywysog Gogledd Cymru gynt'.

Yr oedd yr ystîl a roddid i dywysog yn fynegiant pwysig o'i statws a'i awdurdod, ac yn enghraifft dda o sut y gallai'r defnydd o ddogfennau gyfrannu at y wedd ideolegol ar ei rym. Dim ond tywysogion Gwynedd a anrhydeddid yn rheolaidd â theitl, yn hytrach na chael eu galw wrth eu henwau yn unig – fel arfer Brenin Gogledd Cymru neu

2 Sêl Gwenwynwyn ab Owain Cyfeiliog (m.1216).

Tywysog Gogledd Cymru – yn y cyfnod cyn 1230, er bod Owain Gwynedd (m. 1170) wedi defnyddio Brenin Cymru, Tywysog Cymru a Tywysog y Cymry wrth iddo herio'r Brenin Harri II ym mlynyddoedd olaf ei deyrnasiad. Ymddengys fod Owain wedi dewis y teitl 'tywysog' (Lladin: *princeps*) yn lle 'brenin' (Lladin: *rex*) er mwyn ceisio cyfleu ei oruchafiaeth dros y tywysogion ac arglwyddi Cymreig eraill. Y rheswm dros hynny oedd bod y gair 'brenin' wedi colli llawer o'i rym fel teitl yng Nghymru erbyn y 1160au, gan ei fod yn cael ei ddefnyddio gan nifer o reolwyr, yn eu plith rhai a deyrnasai dros diriogaethau digon cyfyng, megis Hywel ab Ieuaf (m. 1185) o Arwystli yn y canolbarth. Ar ddiwedd y ddeuddegfed ganrif a dechrau'r drydedd ganrif ar ddeg gwelwn yr Arglwydd Rhys (m. 1197) o Ddeheubarth a Gwenwynwyn ab Owain Cyfeiliog (m. 1216) hefyd yn defnyddio'r teitl 'tywysog' mewn ambell siarter.

Serch hynny, llinach Gwynedd a ymffrostiai'n bennaf yn y teitl er mwyn cyfleu eu huchelgais o sefydlu goruchafiaeth dros weddill y Gymru Gymreig, neu *pura Wallia*. Dyna sy'n egluro paham, ym 1230 yn ôl pob tebyg, y rhoes Llywelyn ab Iorwerth y gorau i'w hen deitl (Tywysog Gogledd Cymru) a mabwysiadu ystîl newydd, sef Llywelyn, Tywysog Aberffraw ac Arglwydd Eryri; ystyrid Aberffraw yn brif lys Gwynedd a chanddo oruchafiaeth dros y tywysogion Cymreig eraill. Awgrym pellach o uchelgais Llywelyn yw'r ffaith i'w wraig Siwan (m. 1237) ddefnyddio'r teitl Arglwyddes Cymru yn y 1230au, gan ddisodli'r teitl blaenorol Arglwyddes Gogledd Cymru. Aeth eu mab Dafydd ap Llywelyn (m. 1246) gam ymhellach drwy ryfela yn erbyn y Goron a'r Merswyr ar ddiwedd ei deyrnasiad a'i gyhoeddi ei hun yn Dywysog Cymru yn blwmp ac yn blaen, datblygiad sy'n tanlinellu'r cysylltiad rhwng y defnydd o deitlau a'r sefyllfa wleidyddol – fel y gwelsom, enwyd Dafydd heb deitl o gwbl pan fu'n rhaid iddo ymostwng i Harri III ym 1241. Fodd bynnag, addasu ail ystîl ei dad-cu Llywelyn ab Iorwerth a wnaeth Llywelyn ap

Gruffudd (m. 1282) drwy ei alw ei hun yn 'Llywelyn, Tywysog Cymru ac Arglwydd Eryri', ystîl a addaswyd yn ei dro gan ei wraig mewn llythyrau rhwng 1279 a 1282 – 'Elinor, Tywysoges Cymru ac Arglwyddes Eryri'. Cawn brawf eglur o bwysigrwydd ei deitl i Lywelyn fel mynegiant o'i urddas a'i awdurdod yng Nghytundeb Trefaldwyn ym 1267, gan mai un o'r prif gonsesiynau a wnaed yno gan y Goron oedd caniatáu iddo ef a'i olynwyr gael eu galw yn Dywysog Cymru.

Eto i gyd, os oedd tywysogion Gwynedd, yn arbennig, yn ymwybodol iawn o bwysigrwydd ystiliau fel rhan o'u harfogaeth ideolegol, amlyga'r defnydd o'r ystiliau hynny rai gwendidau hefyd. Y mae'n drawiadol cyn lleied o barhad a fu yn y defnydd o ystiliau o'r naill teyrnasiad i'r llall (yn eironig ddigon, yr unig dywysog i fabwysiadu'r un teitl â'i ragflaenydd uniongyrchol oedd Dafydd ap Gruffudd, yn ystod yr ychydig fisoedd y cadwodd ei draed yn rhydd rhag byddin Edward I wedi i'w frawd Llywelyn gael ei ladd ym mis Rhagfyr 1282). Adlewyrcha'r anghysondeb yn y defnydd o ystiliau yr anawsterau a wynebai pob tywysog wrth iddo geisio sefydlu ei awdurdod: er enghraifft, go brin y gallasai meibion ac wyrion Owain Gwynedd fod wedi eu galw eu hunain yn Dywysog Cymru yn ystod y brwydrau am yr olyniaeth yng Ngwynedd rhwng ei farw ef ym 1170 a buddugoliaeth derfynol Llywelyn ab Iorwerth ar ddechrau'r drydedd ganrif ar ddeg, ac nid yw'n syndod, felly, eu bod wedi bodloni ar y teitlau Brenin Gogledd Cymru neu Dywysog Gogledd Cymru. Ac fel y gwelsom, manteisiodd Harri III ar ei fuddugoliaeth dros Ddafydd ap Llywelyn ym 1241 er mwyn ei amddifadu o unrhyw deitl o gwbl. Yn yr un modd, ni theimlai Llywelyn ap Gruffudd yn ddigon sicr o'i awdurdod i ddefnyddio teitl yn rheolaidd tan 1262. Yn fyr, y mae'r defnydd o ystiliau yn adlewyrchu ansefydlog-rwydd a chynnen gwleidyddol, yn ogystal â grym a'r awydd i sefydlu goruchafiaeth. Arwydd arall o'r cyfyngiadau ar rym y tywysogion yw'r ffaith nad oes un enghraifft bendant o ddogfen ddilys sy'n ychwanegu cymal i ystîl tywysog yn datgan ei fod yn rheoli 'trwy ras Duw'. Y mae hyn yn gwbl groes i'r arfer mewn llawer o deyrnasoedd a thywysogaethau eraill yn Ewrop.

Cynigia seliau'r tywysogion ddarlun cymysg o rym y tywysogion hefyd. Fel y nodwyd eisoes, yr oedd argraff o'r sêl yn hanfodol ar gyfer dilysu dogfennau ac felly yn rhan annatod ohonynt. Gellir dadlau yn ogystal mai ei sêl a gynrychiola'r tywysog a'i awdurdod yn anad yr un gwrthrych arall yn y cyfnod hwn. Yn hyn o beth, dyma enghraifft arall o barodrwydd y tywysogion i efelychu arferion brenhinol a phendefigaidd ar hyd a lled Ewrop. Ond haedda natur yr efelychiad sylw gofalus. Hyd at ail chwarter y drydedd ganrif ar ddeg, gydag ychydig o eithriadau, defnyddiai pob arglwydd Cymreig, o dywysog grymus Gwynedd i fân arglwyddi Blaenau Morgannwg, seliau unochrog, tua 70 milimedr ar eu traws, a chanddynt ddelwedd o farchog yn ogystal ag arysgrifen yn rhoi enw ac weithiau deitl y perchennog. Hynny yw, cynrychiolid y tywysogion gan seliau a oedd yn nodweddiadol o ran eu ffurf i eiddo'r bendefigaeth yn hytrach na brenhinoedd: yr oedd seliau brenhinol fel arfer yn ddwyochrog, ac yn dangos y brenin ar ei orsedd ar y naill ochr, ac fel marchog ar y llall. Y mae'n wir fod gan Lywelyn ab Iorwerth a hefyd Madog ap Gruffudd (m. 1236) o Bowys Fadog seliau cyfrin a osodid weithiau ar gefn argraff y sêl fawr, ond gan fod ieirll ac esgobion hefyd yn defnyddio seliau cyfrin erbyn y cyfnod hwnnw, ni ellir dehongli hyn fel ymgais i ddilyn arfer nodweddiadol frenhinol. Dylid nodi hefyd fod gan Ruffudd ap Gwenwynwyn (m. 1286) o Bowys Wenwynwyn o leiaf dair sêl fach ac arnynt ei ddyfais herodraidd, sef llew ar ei draed (*rampant*) ar darian drionglog.

Dim ond un enghraifft sy'n weddill o sêl ddwyochrog ymhlith dogfennau'r tywysogion, sef un Dafydd ap Llywelyn a roddwyd ar un o'i lythyrau agored yn derbyn amodau heddwch â Harri III ym 1241. Yn wir, er bod yr argraff yn anghyflawn, a'r cyfan o'r arysgrifen wedi ei cholli, ceir digon i ddangos ei bod wedi ei phatrymu'n agos ar sêl fawr Harri. Ni wyddom ai Dafydd oedd y tywysog cyntaf i ddefnyddio sêl o'r fath, neu ai dilyn esiampl ei dad Llywelyn ab Iorwerth ydoedd. Bu'n rhaid i'w dad newid ei sêl ar ôl iddo geisio dyrchafu ei statws drwy fabwysiadu'r teitl newydd Tywysog Aberffraw ac Arglwydd Eryri ym 1230 (gwaetha'r modd, nid oes unrhyw argraffiadau o sêl newydd Llywelyn wedi goroesi). Ni wyddom ychwaith a barhawyd i ddefnyddio sêl ddwyochrog gan olynwyr Dafydd, yn enwedig Llywelyn ap Gruffudd, gan nad oes gennym yr un argraff o'u seliau hwy. Bid a fo am hynny, yr hyn sy'n drawiadol yw pa mor hwyr yr oedd tywysogion Gwynedd yn mabwysiadu sêl nodweddiadol frenhinol (yr oedd brenhinoedd Lloegr wedi defnyddio seliau dwyochrog er teyrnasiad Edward Gyffeswr (1042–66), a brenhinoedd yr Alban er teyrnasiad Alecsander I (1107–24)). Os oedd y sêl yn cynnig mynegiant gweladwy o rym tywysog, yr oedd hefyd, am ran helaeth o'r cyfnod dan sylw, yn tanlinellu nad brenin cyflawn mohono.

Ar sawl cyfrif, felly, ni fanteisiwyd i'r eithaf ar y cyfleoedd a roddai dogfennau i fawrygu statws y tywysogion. Serch hynny, efallai na ddylem synnu gormod bod astudiaeth gymharol yn tanlinellu rhai cyfyngiadau ar eu grym: go brin bod hyd yn oed dywysogion Gwynedd yn rheolwyr hafal i frenhinoedd yr Alban (er gwaethaf honiad Llywelyn Fawr unwaith, fel y cawn weld), heb sôn am rai Ffrainc neu Loegr, o ran eu hadnoddau a maint a sefydlogrwydd y tiroedd dan eu hawdurdod; yn wir, am y rhan fwyaf o'r cyfnod yr oedd y tywysogion yn ddigon parod i gydnabod eu bod yn ddeiliaid i frenin Lloegr a bod dyletswydd arnynt i wneud gwrogaeth iddo, er bod union oblygiadau'r berthynas yn destun cryn drafod a chynnen. Yn hytrach na hoelio sylw ar y graddau y llwyddodd y tywysogion i ddefnyddio dogfennau mewn modd tebyg i frenhinoedd grymus Ewrop, hwyrach y byddai'n fwy buddiol i ofyn sut y cyfrannodd eu defnydd o'r gair ysgrifenedig at gryfhau'r tywysogion yn eu tiroedd eu hunain – hynny yw, gosod y drafodaeth yng nghyd-destun yr ymgiprys am rym yng Nghymru.

Rhaid dychwelyd at y siarteri er mwyn ystyried yn arbennig y goleuni a daflant ar hawliau'r tywysogion dros y tir. Fel y gwelsom eisoes, yr oedd y sawl a luniodd siarteri yn cydnabod awdurdod y rhoddwr dros y tiroedd a hawliau a ildiai i'r derbynnydd, sef, fel arfer, mynachlog neu dŷ crefydd arall yn y cyfnod hwn. Y mae'n wir ei bod yn ansicr i ba raddau yr oedd angen cael cadarnhad ysgrifenedig o roddion o'r fath pe baent yn cael eu herio yn y dyfodol. Nid yw'r gyfraith Gymreig (cyfraith Hywel Dda) yn rhoi llawer o bwys ar dystiolaeth ysgrifenedig, a dichon fod siarteri wedi eu gwerthfawrogi yn bennaf fel dogfennau a gofnodai ac a ategai ddulliau eraill o warantu grantiau na ddibynnai ar y gair ysgrifenedig, yn enwedig llwon. Yn sicr, y mae nifer o siarteri, gan gynnwys yr un o eiddo Madog ap Maelgwn y cyfeiriwyd ati ar ddechrau'r ysgrif hon, a hefyd rhai ar gyfer mynachlog Margam, yn cyfeirio at dyngu llwon, ac mewn rhai achosion ceir cymalau yn enwi unigolion a oedd wedi ymrwymo i warantu'r grant. Ni allwn gymryd yn ganiataol, felly, fod siarteri wedi eu cynhyrchu yn bennaf er mwyn darparu tystiolaeth ysgrifenedig y gellid ei chyflwyno gerbron llys barn. Eto i gyd, wrth i fwy o siarteri gael eu cynhyrchu, y mae'n bosibl fod eu statws fel tystiolaeth ysgrifenedig wedi cynyddu: wedi'r cwbl, yr oedd tai crefydd yn cael eu gwerthfawrogi digon i'w cyflwyno i frenhinoedd Lloegr a hefyd i esgobion er mwyn iddynt gael eu cadarnhau. Cawn gip diddorol ar feddylfryd llythrennog cyffelyb pan roddodd Llywelyn ab Iorwerth y ddogfen yn ei enw a gadarnhaodd bryniant o dir yn Rhosfynaich (ardal yn Llandrillo-yn-Rhos) gan ei brif swyddog Ednyfed Fychan, i

Ednyfed a'i etifeddion, dogfen a ddiogelwyd wedyn gan y
teulu hyd at o leiaf y ddeunawfed ganrif.

I'r graddau yr ystyrid hi'n rhan bwysig o'r proses o
drosglwyddo tir, byddai siarter yn atgoffa'r sawl a'i lluniai
ac a'i darllenai o awdurdod y tywysog a fu'n gyfrifol am y
weithred a gofnodwyd ynddi. Yn fwy na hynny, gan fod y
rhan fwyaf o siarteri yn cynnwys cymalau sy'n rhestru'r
hawliau a drosglwyddwyd gyda'r tiroedd a roddwyd, dichon
eu bod wedi cyfrannu at ddiffinio'r hawliau hynny yn fwy
pendant. Y mae'n wir bod llawer o gymalau o'r fath yn bur
gyffredinol eu mynegiant – er enghraifft, rhoddwyd y tiroedd
'yn rhydd ac yn ddiddyled rhag pob gwasanaeth ac arfer a
thaliad seciwlar', neu 'yn rhydd ac yn ddiddyled rhag pob
arfer a thaliad daearol'. Ond weithiau estynnid breintiau
mwy penodol. Rywbryd rhwng 1198 a 1227 ildiodd
Maelgwn Fychan ap Maelgwn o linach Deheubarth i fynaich
Ystrad-fflur yr hawl i brynu a gwerthu oddi mewn i'w holl
diroedd a'u rhyddhau rhag pob toll, ac ym 1209 gwelwn
Lywelyn ab Iorwerth yn gadael i fynaich Cymer ym
Meirionnydd elwa ar longddrylliadau a thrysor a
ddarganfuwyd ar eu tiroedd. Ar ben hynny, ym Mhowys a
Gwynedd ymddengys fod y tywysogion yn ceisio rheoli
hawl eu deiliaid i wneud grantiau i dai crefydd: ym 1205
caniataodd Madog ap Gruffudd o Bowys Fadog i'w 'wŷr
ffyddlon' roi neu werthu tir i fynachlog Glyn-y-groes, ac y
mae nifer o siarteri Gwenwynwyn ab Owain o Bowys
Wenwynwyn yn cadarnhau tiroedd a roddwyd neu a
werthwyd gan wŷr rhydd dan ei awdurdod. Yn yr un modd,
fel y crybwyllwyd gynnau, cadarnhaodd Llywelyn ab
Iorwerth bryniant tir gan Ednyfed Fychan.

Agwedd arall ar ddefnydd tywysogion Gwynedd, yn
arbennig, o ddogfennau yw'r modd y ceisiasant atgyfnerthu
eu goruchafiaeth dros yr arglwyddi Cymreig eraill drwy
fynnu derbyn ganddynt gydnabyddiaeth ysgrifenedig o'u
hymrwymiadau. Yn hyn o beth cymhwyswyd dulliau a

3 Copi siawnsri brenhinol Lloegr o'r cytundeb rhwng Llywelyn ab Iorwerth a chynrychiolwyr y Brenin John, 11 Gorffennaf 1201.

4 Darlun gan Matthew Paris, *c*.1259 o Lywelyn ab Iorwerth
(*c*.1173–1240) gyda'i feibion Gruffudd a Dafydd.

ddefnyddid gan Goron Lloegr ers o leiaf ddechrau'r drydedd ganrif ar ddeg er mwyn diffinio'r berthynas rhyngddi a'r tywysogion. Ym mis Gorffennaf 1201 gwnaed cytundeb ysgrifenedig, y cyntaf o'i fath hyd y gwyddom, rhwng Llywelyn ab Iorwerth a chynrychiolwyr y Brenin John. Deng mlynedd ar ôl hynny, yn sgil buddugoliaeth ysgubol y brenin hwnnw dros dywysog Gwynedd yn Awst 1211, gorfodwyd Llywelyn i roi siarter i John a ildiodd nifer o gonsesiynau pwysig, yn eu plith deyrnged yn cynnwys 10,000 o wartheg, pedwar cantref y Berfeddwlad (Gwynedd Is Conwy) a'r hawl i olynu'r tywysog yng ngweddill Gwynedd pe bai'n marw heb etifedd gan ei wraig Siwan, merch John. Hawdd deall paham y mynnodd Llywelyn gael y siarter hon yn ôl fel rhan o'r cytundeb gwleidyddol rhwng John a'i elynion a ymgorfforwyd yn y Siarter Fawr (Magna Carta) ym 1215: er nad oedd dogfen ysgrifenedig o'r fath yn ddigon ynddi ei hun i ffrwyno'r tywysog – a oedd eisoes wedi adennill ei safle blaenllaw yng Nghymru erbyn haf 1212 drwy ffurfio cynghrair milwrol â rhai o'r tywysogion ac arglwyddi eraill – sylweddolai Llywelyn fod mynegiant ysgrifenedig o'i ddarostyngiad yn anfantais a allai ei wanhau. Ar yr un pryd, yr oedd yn barod iawn i ddysgu gan ei dad-yng-nghyfraith a defnyddio dogfennau yn eu tro er mwyn clymu arglwyddi Cymreig eraill iddo ef. Felly, dengys *Brut y Tywysogyon* fod Llywelyn yn ddig iawn ar ôl i Gwenwynwyn ab Owain, tywysog de Powys, wneud heddwch â'r brenin yn groes i'r cytundeb a wnaeth â thywysog Gwynedd, esgobion, abadau a gwŷr mawr eraill at Gwenwynwyn 'a'r llythyrau a'r siarteri ganddynt â thelerau'r cwlwm a chytundeb a gwrogaeth a wnaeth', dogfennau a roddwyd i'r tywysog ym 1212, yn ôl pob tebyg.

Yr oedd ŵyr Llywelyn, sef Llywelyn ap Gruffudd, yr un mor awyddus i fanteisio ar y gair ysgrifenedig fel modd o ddiffinio ac atgyfnerthu ei safle penarglwyddiaethol. Ceir nifer o gytundebau ysgrifenedig rhyngddo ac arglwyddi eraill, yn eu plith un manwl â Gruffudd ap Gwenwynwyn o dde Powys ym mis Rhagfyr 1263 sy'n agor gyda'r datganiad bod 'yr arglwydd Gruffudd wedi gwneud gwrogaeth o'i wirfodd ar ei ran ef a'i etifeddion, ac wrth gyffwrdd â'r creiriau sanctaidd wedi tyngu ffyddlondeb, i'r arglwydd Llywelyn a'i etifeddion' gerbron llawer o bobl, gan gynnwys esgob Bangor ac abadau Aberconwy ac Ystrad Marchell. Ymhen degawd, fodd bynnag, yr oedd y berthynas rhwng y ddau wedi suro wedi i Lywelyn glywed am gynllwyn i'w lofruddio a'i ddisodli gan ei frawd Dafydd ap Gruffudd, ynghyd â Gruffudd ap Gwenwynwyn a'i fab Owain. Gorfodwyd Gruffudd a'i fab i sefyll eu prawf yng nghastell newydd Llywelyn yn Nolforwyn ym 1274, ac wedyn i gyhoeddi llythyr agored yn ildio eu holl diroedd i'r tywysog a'i etifeddion pe bai Owain, a roddwyd yn wystl i Lywelyn yn sgil dyfarniad y llys, yn ceisio dianc; gwnaed cofnod o'r achos a'r dyfarniad yn ogystal. Yr un oedd amcan – er ar raddfa lai tyngedfennol – deuddeg llythyr at y tywysog oddi wrth arglwyddi Cymreig y tu allan i Wynedd yn y cyfnod rhwng 1256 a 1278 a addawai y byddai'r arglwydd yn gwarantu teyrngarwch (ac weithiau wrogaeth hefyd) un neu fwy o unigolion. Er enghraifft, rywbryd rhwng 1265 a 1275 cyhoeddodd Owain ap Maredudd ab Owain, aelod o linach Deheubarth, ei fod yn barod i ymrwymo i'r tywysog ar gyfer £12 a oedd yn ddyledus gan Hywel Fychan er mwyn derbyn ewyllys da Llywelyn, a'i fod hefyd yn fodlon i Hywel wneud gwrogaeth a thyngu ffyddlondeb i'r tywysog, er ei fod yn un o ddynion Owain.

Y mae'n anodd gwybod i ba raddau y defnyddiai'r tywysogion ddogfennau ar gyfer gweinyddu eu tiroedd ac er mwyn cyfathrebu ag arglwyddi Cymreig eraill. Dim ond dwy enghraifft sydd gennym o lythyr yn rhoi gorchmynion i swyddogion, sef un gan Ddafydd ap Llywelyn at feiliaid Brycheiniog a'r llall gan Lywelyn ap Gruffudd at feiliaid y Berfeddwlad, y ddau wedi goroesi mewn copïau hynafiaethol o'r cyfnod modern cynnar. At hynny, erys llythyr gan feili Buellt yn cydnabod derbyn gorchymyn ysgrifenedig oddi wrth Lywelyn ap Gruffudd ato ef a beiliaid eraill ym Mers y canolbarth. Gellir amau bod llawer rhagor o ddogfennau gweinyddol cyffelyb wedi eu cynhyrchu nag sy'n weddill neu'n hysbys heddiw, gan na fyddai angen eu cadw fel arfer ar ôl i'w cyfarwyddiadau gael eu cyflawni, a phrin y buasent o ddiddordeb i swyddogion Edward I ar ôl y goncwest ychwaith. Y mae'n debygol hefyd fod y defnydd o gyfrifon ysgrifenedig yn fwy cyffredin, erbyn blynyddoedd olaf Llywelyn ap Gruffudd o leiaf, nag a awgrymir gan yr unig enghraifft sydd wedi goroesi, sef cyfrif ceidwad castell newydd y tywysog yn Nolforwyn ym 1274. Weithiau byddai tywysogion Gwynedd yn cyfathrebu â thywysogion ac arglwyddi Cymreig eraill drwy lythyr. Fel y gwelsom ar ddechrau'r ysgrif hon, ysgrifennodd Llywelyn ab Iorwerth at Fadog ap Maelgwn ac arglwyddi eraill y canolbarth ym 1212 yn eu hannog i barchu tiroedd priordy Ratlinghope yn sir Amwythig, ac yn ôl *Brut y Tywysogyon* anfonodd Dafydd ap Llywelyn 'genhadon a llythyrau' er mwyn galw 'holl dywysogion Cymru' ato ar ôl iddo godi yn erbyn y Goron ym 1244.

Anfonwyd y rhan fwyaf o'r llythyrau sy'n weddill, fodd bynnag, at unigolion y tu allan i Gymru, yn enwedig brenin Lloegr. Yr ohebiaeth ddiplomyddol hon sy'n dangos orau sut y gallai'r tywysogion fanteisio ar y cyfrwng ysgrifenedig er mwyn cyfleu eu dyheadau gwleidyddol a dyrchafu eu bri a'u statws. Yr oedd hynny'n arbennig o wir am dywysogion Gwynedd, y llinach Gymreig fwyaf grymus am y rhan fwyaf o'r cyfnod hwn, a'r un a lwyddodd yn anad yr un llinach arall i sefydlu goruchafiaeth ehangach yng Nghymru, goruchafiaeth a gyrhaeddodd ei phenllanw byrhoedlog yn ystod y degawd rhwng cydnabod Llywelyn ap Gruffudd yn Dywysog Cymru yng Nghytundeb Trefaldwyn ym 1267 a'i orchfygu gan Edward I yn rhyfel 1277. Y mae'r llythyrau yn

arbennig o werthfawr i'r hanesydd oherwydd eu bod yn
codi'n syth o amgylchiadau cyfnewidiol yr oes ac yn datgelu
dadl y tywysogion yn eu perthynas â Choron Lloegr ac
awdurdodau eraill mewn modd byw ac uniongyrchol.
Enghraifft drawiadol o dywysog yn ymateb i ddatblygiadau
newydd yw'r darn o femrwn a ysgrifennwyd ar ran Llywelyn
ap Gruffudd ym 1280 yn adrodd cwynion pellach a oedd
wedi ei gyrraedd yn erbyn gwŷr y brenin yng Ngheredigion,
darn y dywedir iddo gael ei osod (fel math o ôl-nodyn) y tu
mewn i 'lythyr mawr' at Edward I a gwblhawyd eisoes.

Wrth gwrs, fel y pwysleisiwyd uchod, cyfansoddiadau
Lladin gan glercod a ddilynai gonfensiynau arbennig a oedd
yn drwm eu dyled i rethreg sydd dan sylw, yn hytrach na
llythyrau a ysgrifennwyd yn bersonol gan y tywysogion eu
hunain. At hynny, dibynnai'r tywysogion ar eglwyswyr, fel
arfer, i weithredu fel negeswyr ar eu rhan a sicrhau bod eu
llythyrau yn cyrraedd y derbynnydd – wedi'r cwbl, nid oedd
gwasanaeth post ar gael. Yn wir, gellir honni bod y negesydd
yn rhan hanfodol o bob llythyr, nid yn unig oherwydd ei
gyfrifoldeb i sicrhau ei fod yn cyrraedd pen ei daith ond
hefyd gan mai ef, yn anad neb, a fyddai'n gwarantu
dilysrwydd y ddogfen ac weithiau yn ymhelaethu ar ei
chynnwys ar lafar drwy adrodd i'r derbynnydd negeseuon
pellach y bernid ei bod yn well peidio â'u hysgrifennu yn y
llythyr ei hun. Nid mater hawdd bob tro oedd gwasanaethu
fel negesydd. Pan anfonodd Owain Gwynedd lythyrau at
Louis VII, brenin Ffrainc (1137–80), yng nghanol y 1160au,
fel rhan o'i ymgais i ennill cefnogaeth y brenin hwnnw yn
erbyn Harri II, gwrthododd Louis gredu mai'r eiddo Owain
oeddynt, gan amau, y mae'n debyg, ddilysrwydd y clerigwr
a'u hebryngodd; dyna sy'n esbonio, efallai, paham yr
ysgrifennodd canghellor Louis at y tywysog yn awgrymu y
dylai gyfeirio pob llythyr trwyddo ef yn y dyfodol er mwyn
sicrhau y câi ei dderbyn. Ym mis Medi 1233 honnodd
Llywelyn ab Iorwerth na fedrai ei negeswyr gyrraedd Harri

III oherwydd llifogydd a pheryglon eraill ar y ffyrdd, er y bu modd iddo anfon llythyr gyda 'rhyw gludwr' arall i hysbysu'r brenin am yr oedi. Ni allai brenin Lloegr bob amser sicrhau y byddai ei lythyrau yn cyrraedd Cymru yn ddidramgwydd ychwaith: ym 1263 rhwystrodd Roger Mortimer ei negesydd rhag mynd â llythyr gan Harri III at Lywelyn ap Gruffudd, gan garcharu'r negesydd am wyth diwrnod yng nghastell Maesyfed, a hyd yn oed ar ôl ei ryddhau daliodd Roger ei afael ar y llythyr nes iddo gael ei orfodi i'w ildio gan rai o farwniaid eraill y Mers.

Dengys llythyrau Owain Gwynedd at lys Louis VII fod y tywysog a'i glerigwyr yn effro iawn i'r cyfle a gynigiai gohebiaeth ddiplomyddol o'r fath i roi pwysau ar frenin Lloegr a hefyd i gadarnhau safle arbennig Gwynedd ymhlith tywysogaethau Cymru. Yn yr un modd ysgrifennodd ŵyr Owain, Llywelyn ab Iorwerth, at fab ac olynydd Louis, sef Phylip II, ym 1212 i ddiolch i'r brenin am 'y llythyr gydag argraff eich sêl aur a anfonasoch ataf i, eich marchog, yn dystiolaeth i'r cynghrair rhwng teyrnas Ffrainc a thywysogaeth Gogledd Cymru [Gwynedd]', llythyr y byddai Llywelyn yn ei gadw yn yr eglwys megis crair sanctaidd a 'chofeb barhaol a thystiolaeth annhoradwy'. Aeth rhagddo i ofyn i Phylip beidio â gwneud heddwch â'r Brenin John heb gynnwys tywysogion Cymru, gan addo na fyddai'r tywysogion yn gwneud unrhyw gytundeb â'r Saeson heb gydsyniad brenin Ffrainc. Er gwaethaf yr addewid olaf, fodd bynnag, prysurodd Llywelyn i wneud cadoediad â John ymhen llai na blwyddyn wedi iddo yrru'r llythyr, ar ôl i'r brenin ymostwng i'r Pab Innocent III, a hynny heb ymgynghori â Phylip. Yn y bôn, yr oedd amgylchiadau gwleidyddol newydd yn drech na llythyr diplomyddol, ni waeth pa mor aruchel a blodeuog ei iaith. Dyma brawf pellach mai dogfennau a adlewyrchai ymateb tywysog i gyfle neu sefyllfa ar adeg benodol oedd y llythyrau dan sylw.

Weithiau, byddai'r tywysogion yn manteisio ar y cyfle i

5 Llythyr gwreiddiol Llywelyn ab Iorwerth at Pandulf, esgob etholedig Norwich a legad y pab, Mai 1220.

gyflwyno datganiadau mawreddog ynglŷn â'u statws a'u hawdurdod wrth ymdrin â sefyllfa neilltuol. Yr oedd y ddau Lywelyn yn awyddus iawn i bwysleisio eu hawliau a'u hurddas. Amlygir hynny gan sawl un o lythyrau Llywelyn ab Iorwerth yn y blynyddoedd yn dilyn ei gytundebau â'r Goron yng Nghaerwrangon ym 1218, cytundebau a oedd wedi derbyn ei safle blaenllaw yng Nghymru ond eto heb ei gydnabod i'r un graddau ag y buasai'r tywysog wedi hoffi. Dyna sy'n egluro paham y ceisiodd ddyrchafu ei statws ymhellach drwy sicrhau Pandulf, legad y Pab yn Lloegr, ym Mai 1220, 'nad oes neb arall, fe gredwn, yn y byd sy'n dymuno'n fwy na ni i ofalu am anrhydedd a lles yr arglwydd frenin mewn cyfiawnder a thegwch *yn ôl statws Cymru'* (fy mhwyslais i). Yr awgrym, felly, oedd fod gan Gymru statws gwleidyddol arbennig, er nad oedd y Goron wedi cydnabod dim byd o'r fath ym 1218: goruchafiaeth bersonol, heb arwyddocâd cyfansoddiadol tymor hir, oedd eiddo Llywelyn, yn nhyb y Goron, a fynnodd fod pob arglwydd Cymreig yn dal i wneud gwrogaeth i'r brenin. Daeth cyfle arall i Lywelyn herio'r Goron ym mis Gorffennaf 1224 wrth iddo ateb gorchymyn gan Harri III i beidio â rhoi lloches i Falkes de Bréauté, gwrthryfelwr yn erbyn y brenin a ffodd i dir y tywysog. Ar y naill law pwysleisiodd Llywelyn fod Falkes wedi gadael ei dir bron yn syth ar ôl iddo gyrraedd. Ond aeth rhagddo i fynnu nad oedd rhaid iddo ei esgusodi ei hun am groesawu'r ffoadur 'gan nad oes gennym lai o ryddid na brenin yr Alban sy'n derbyn herwyr o Loegr, a hynny'n ddigosb'. Wrth honni hyn, anwybyddodd y tywysog ei ymrwymiad ym 1218 i beidio â rhoi lloches i elynion y brenin: yn hytrach, cynigiodd ddehongliad newydd a beiddgar o'i awdurdod drwy fynnu fod ganddo'r un statws â brenin yr Alban.

Llwyddodd Llywelyn ap Gruffudd i gyflawni'r hyn y methodd yr un o'i ragflaenwyr â'i wneud pan gytunodd Harri III, yng Nghytundeb Trefaldwyn ym 1267, i estyn iddo

Dywysogaeth Cymru a'i gydnabod yn Dywysog Cymru
gyda'r hawl i dderbyn gwrogaeth gan yr arglwyddi Cymreig
eraill, ar yr amod bod Llywelyn yn gwneud gwrogaeth i'r
brenin a hefyd yn talu 25,000 o forciau (dros £16,600) iddo.
Serch hynny, ni fu perthynas y tywysog â'r Goron bob amser
yn esmwyth yn ystod y blynyddoedd dilynol, a cheisiodd
Llywelyn gyflwyno'r dehongliad mwyaf ffafriol o'i safle
newydd mewn ambell ddatganiad yn ei lythyrau. Er
enghraifft, pan ofynnodd rhaglywiaid Edward I iddo beidio
ag adeiladu castell Dolforwyn ym 1273, gwrthododd y cais
yn ddiseremoni, gan haeru bod y brenin yn gwybod yn iawn
fod 'hawliau ein tywysogaeth yn hollol ar wahân i hawliau
eich teyrnas, er ein bod ni'n dal ein tywysogaeth o dan eich
grym brenhinol'. Ar yr un pryd, yr oedd Llywelyn yn barod i
gyfeirio   at   delerau   Cytundeb   Trefaldwyn   er   mwyn
cyfiawnhau ei gwynion yn erbyn y brenin: mewn llythyr at
y Pab Gregory X ym 1275, lle y cyhuddai'r brenin o dorri'r
telerau hynny, pwysleisiodd mai legad y pab, Ottobuono, a
drefnodd y cytundeb a sicrhau ei fod wedi ei ysgrifennu
mewn dogfen dan ei sêl. Ym mis Hydref 1282, yng nghanol
ail ryfel Edward I yn ei erbyn, aeth Llywelyn gam ymhellach
drwy ysgrifennu at yr Archesgob Pecham o Gaergaint, gan
ddyfynnu nifer o gymalau'r cytundeb a wnaethai â'r brenin
yn Aberconwy ar ddiwedd rhyfel 1277 air am air ac yna
egluro sut yr oedd y brenin wedi anwybyddu'r cymalau
wedyn. Ceir cip arall ar barodrwydd y tywysog a'i glercod i
droi'r meddylfryd llythrennog at eu dibenion eu hunain
mewn llythyr at ustus Caer ym 1279, lle y dywed Llywelyn
na allai ateb ymholiadau'r ustus ynghylch achos yn
ymwneud ag ŷd ym Môn nes i'r brenin gynnig esboniad
llawn ar 'ryw air tywyll' (Lladin: *quoddam verbum
obscurum*) yn ei gyfarwyddiadau ynglŷn â'r achos hwnnw.

    Daw'r mynegiant mwyaf aruchel o urddas Llywelyn ap
Gruffudd yn y llythyr olaf o'i eiddo sy'n hysbys i ni, ynghyd
â'r atebion gan ei gyngor i gynigion yr Archesgob Pecham

6 Wedi ei farwolaeth ar 11 Rhagfyr 1282, torrwyd ymaith ben Llywelyn
ap Gruffudd a'i gyrchu ar hyd strydoedd Llundain.

wrth iddo geisio dod â'r rhyfel ag Edward I i ben, dogfennau a anfonwyd o'i lys yn Abergwyngregyn ar 11 Tachwedd 1282, cwta fis cyn iddo gael ei ladd ger Cilmeri. Yr oedd y tywysog yn fodlon ystyried telerau diogel ac anrhydeddus, ond ni allai ei gyngor ganiatáu iddo dderbyn telerau mor niweidiol a fyddai'n dinistrio ei bobl. Gorffennodd drwy ddatgan: 'Y mae'n fwy anrhydeddus a chyson â rheswm ein bod ni'n dal oddi wrth y brenin y tiroedd y mae gennym hawl iddynt nag ein dietifeddu a'u trosglwyddo i estroniaid.' Yn yr un modd, pwysleisiodd atebion 'y Cymry' (sef cyngor Llywelyn) i gynigion yr archesgob mai etifeddiaeth hynafol, yn ymestyn yn ôl i amser Brutus a'i fab Camber (y gŵr a sefydlodd Gymru, yn ôl ffug hanes Sieffre o Fynwy), oedd tiroedd y tywysog yng Ngwynedd a bod y cynnig i'w ddigolledu amdanynt trwy gynnig iarllaeth iddo yn Lloegr yn gwbl annerbyniol. Hyd yn oed pe bai Llywelyn yn fodlon trosglwyddo ei arglwyddiaeth drostynt i'r brenin, nid oedd 'pobl Eryri' yn barod i 'wneud gwrogaeth i unrhyw ddieithryn yr ydynt yn hollol anwybodus o'i iaith, ei arferion a'i gyfreithiau'.

Wrth gwrs, ni thyciodd geiriau herfeiddiol o'r fath: lladdwyd Llywelyn, a'i frawd Dafydd ar ei ôl, a gorfodwyd pobl Gwynedd i dderbyn arglwyddiaeth y brenin drwy rym milwrol. Serch hynny, y mae datganiadau ysgrifenedig olaf Llywelyn a'i gefnogwyr yn ein hatgoffa bod y dogfennau a drafodwyd yn yr ysgrif hon yn ffynonellau gwerthfawr nid yn unig ar gyfer nawdd i dai crefydd, digwyddiadau gwleidyddol, neu gysylltiadau diplomyddol, er pwysiced y pynciau hynny, ond hefyd ar gyfer ideoleg ac argyhoeddiadau. O'u hastudio'n ofalus, gan gofio bod eu ffurf a'u hiaith yn rhan ganolog o'u neges, cawn fynediad unigryw i sawl agwedd ddiddorol ar oes y tywysogion.

DARLLEN PELLACH

R. R. Davies, *The Age of Conquest: Wales 1063–1415* (arg. newydd, Rhydychen, 2000).

J. G. Edwards (gol.), *Calendar of Ancient Correspondence concerning Wales* (Caerdydd, 1935).

J. G. Edwards (gol.), *Littere Wallie preserved in Liber A in the Public Record Office* (Caerdydd, 1940).

Charles Insley, 'From *Rex Wallie* to *Princeps Wallie*: Charters and State Formation in Thirteenth-century Wales', yn J. R. Maddicott a D. M. Palliser (goln.), *The Medieval State: Essays presented to James Campbell* (Llundain, 2000).

Huw Pryce, 'Culture, Power and the Charters of Welsh Rulers', yn Marie Therese Flanagan a Judith A. Green (goln.), *Charters and Charter Scholarship in Britain and Ireland* (Houndmills, 2005).

Huw Pryce, 'Owain Gwynedd and Louis VII: The Franco-Welsh Diplomacy of the First Prince of Wales', *Cylchgrawn Hanes Cymru*, 19, rhif 1 (1998).

Huw Pryce (gol.), gyda chymorth Charles Insley, *The Acts of Welsh Rulers, 1120–1283* (Caerdydd, 2005).

J. Beverley Smith, *Llywelyn ap Gruffudd: Tywysog Cymru* (Caerdydd, 1986).

David Stephenson, *The Governance of Gwynedd* (Caerdydd, 1984).

Graham C. G. Thomas (gol.), *The Charters of the Abbey of Ystrad Marchell* (Aberystwyth, 1997).

PARHAD, PRAGMATIAETH, PROPAGANDA: LLAWYSGRIFAU CYFRAITH HYWEL YN YR OESOEDD CANOL DIWEDDAR

Christine James

Fy swydd gyda'm harglwyddi,
Hyn fydd, a'u câr hen wyf i:
Darllain cyfraith, rugliaith raid,
Sifil, i'm cyfneseifiaid.

Llywelyn Goch ap Meurig Hen

Y mae traddodiad yn gwbl unfarn wrth gysylltu cyfreithiau brodorol Cymru ag enw Hywel Dda, neu Hywel ap Cadell, y brenin hwnnw a lwyddodd, am gyfnod byr tua chanol y ddegfed ganrif, i uno'r rhan fwyaf o diriogaeth y Gymru bresennol dan ei lywodraeth. Goroesodd y cyfreithiau hynny mewn dros ddeugain o lawysgrifau canoloesol – rhai ohonynt yn Lladin eu hiaith ond y rhan fwyaf yn Gymraeg – a'r llyfrau hyn yw unig ffynhonnell ein gwybodaeth am weithgarwch Hywel fel deddfroddwr. Y mae'r rhan fwyaf ohonynt yn agor â rhaglith naratif sy'n disgrifio sut y gwysiodd Hywel ynghyd gynrychiolwyr o Gymru benbaladr i gynulliad arbennig er mwyn adolygu cyfreithiau'r wlad a'u diwygio. Er bod peth amrywio ar union fanylion y stori yn y gwahanol fersiynau arni a gofnodwyd yn y llawysgrifau, a'r rheini'n tueddu i fynd yn fanylach ac yn fwy 'diddorol' fel yr âi'r canrifoedd yn eu blaen, ceir pwyslais cyson ar ddifrifoldeb y bwriad a'r gwaith, ac ar y ffaith fod penderfyniadau'r cynulliad hwnnw i'w gweithredu trwy'r wlad i gyd. Yn y rhan fwyaf o'r fersiynau, ychwanegir yr epithet 'Dda' at enw Hywel, lleolir y cynulliad yn y 'Tŷ Gwyn ar Daf' (sef Hendy-gwyn yn sir Gaerfyrddin), a honnir i wŷr eglwysig chwarae rhan allweddol yn y proses adolygu. Hanfod y stori, felly, yw bod cyfreithiau brodorol Cymru yn frenhinol eu tarddiad, ac yn eglwysig – onid sanctaidd – eu safon.

Y mae'r stori hefyd yn gosod cryn bwyslais ar y weithred o gofnodi'r gyfraith ar ddu a gwyn, ac ar awdurdod y fersiynau ysgrifenedig hynny:

> Ac yd erchis eu hyscriuennu yn teir ran: yn gyntaf, kyfreith y lys peunydyawl; yr eil, kyfreith y wlat; y tryded, aruer o pob vn ohonunt. Gwedy hynny yd erchis gwneuthur tri llyfyr kyfreith: vn wrth y lys peunydyawl presswyl y gyt ac ef; arall y lys Dinefwr; y trydyd y lys

35

Aberffraw; megys y kaffei teir ran Kymry, Gwyned, Powys, Deheubarth, awdurdawt kyfreith yn eu plith wrth eu reit yn wastat ac yn parawt.

Fodd bynnag, y mae'n gwbl glir nad yw'r un o'r llyfrau cyfraith sydd wedi goroesi heddiw yn gopi uniongyrchol nac anuniongyrchol o unrhyw ddogfen(nau) a allai fod wedi tarddu o'r fath gynulliad, nac ychwaith yn adlewyrchu'r gyfraith yn union fel yr oedd yn y ddegfed ganrif. Mewn darlith enwog ar 'Hywel Dda and the Welsh Lawbooks' a draddodwyd ym 1928, dangosodd Goronwy Edwards na all hanes cynulliad y Tŷ Gwyn fel y'i cyflwynir yn y rhaglithiau fod yn adroddiad ffeithiol gywir. Yn wir, dadleuwyd yn argyhoeddiadol fod yr hanes hwn, yn ei bwyslais ar sofraniaeth Hywel ac ar gysondeb cyfreithiau Cymru â'r safonau eglwysig uchaf, yn ddim amgen na darn o bropaganda a luniwyd yn wreiddiol tua diwedd y ddeuddegfed ganrif ac a ddatblygwyd dros y canrifoedd dilynol trwy ychwanegu haenau pellach o fanylion ffug. Dadleuodd Huw Pryce fod pwyslais y rhaglithiau ar awdurdod brenhinol y cyfreithiau brodorol yn debygol o fod yn ymateb i sefyllfa a ddechreuodd ddatblygu o tua diwedd y ddeuddegfed ganrif ymlaen, pan ddechreuodd cyfraith Loegr ddenu sylw tywysogion Cymru – yn enwedig pan gynigiai hynny ryw fanteision neilltuol iddynt yng nghyddestun eu huchelgais dynastig, er enghraifft – a'r gwŷr wrth gyfraith am eu darbwyllo bod y cyfreithiau brodorol yr un mor awdurdodol a brenhinol â'r testunau a dadogwyd ar Edward Gyffeswr neu Harri I, dyweder, yn Lloegr. Yr un modd, awgrymwyd bod y sylw penodol a roddir i ran gwŷr eglwysig yn y gwaith o adolygu'r gyfraith a'i chymeradwyo yn ymgais i'w hamddiffyn rhag ymosodiadau a wneid arni o dro i dro o'r ddeuddegfed ganrif ymlaen gan glerigwyr dylanwadol, diwygiadol – gan gynnwys John Pecham, archesgob Caergaint, yn y drydedd ganrif ar ddeg – a ystyriai fod sawl elfen ynddi, ac yn arbennig efallai y rheolau ynghylch priodas, yn anfoesol ac yn groes i gyfraith sanctaidd yr eglwys.

Er iddo fwrw amheuaeth sylfaenol ar hanesyddoldeb y rhaglithiau, daeth Goronwy Edwards i'r casgliad amwys canlynol: 'if it is hazardous to accept the simple statement that Hywel Dda issued a lawbook, it would at present be more hazardous to reject it' – safbwynt a arddelir heb fawr amodi arno hyd heddiw – a threuliwyd llawer iawn o amser ac egni ysgolheigaidd yng nghanol yr ugeinfed ganrif yn ceisio penderfynu beth yn union a wnaeth Hywel (os rhywbeth o gwbl), ac yn ceisio hidlo o'r corff sylweddol o ysgrifennu cyfreithiol a oroesodd yn y llawysgrifau ddeunydd a allai, o bosibl, darddu o'r ddegfed ganrif. Yn naturiol, efallai, y llawysgrifau cynharaf, rhai'r drydedd ganrif ar ddeg a dechrau'r bedwaredd ar ddeg, a ddenodd y sylw pennaf wrth weithio'r maes hwnnw. Yn ystod y pymtheng mlynedd ar hugain diwethaf, fodd bynnag, newidiwyd ffocws astudiaethau Cyfraith Hywel, i ryw raddau, oddi ar faterion yn ymwneud â'i dechreuadau at gwestiwn ei pharhad, a rhoddwyd sylw cynyddol i'r dystiolaeth a gadwyd am arfer, ac yn wir am ddatblygu'r gyfraith frodorol ar hyd yr Oesoedd Canol nes ei diddymu'n derfynol gyda phasio'r Deddfau Uno ym 1536 a 1543. Daeth y llyfrau cyfraith diweddar, rhai a luniwyd rhwng tua dechrau'r bymthegfed ganrif a dechrau'r unfed ar bymtheg, yn faes ymchwil arbennig yn y cyd-destun hwn, a bwriad yr ysgrif hon yw ystyried tair agwedd ar y llyfrau hynny a'r dystiolaeth a gadwyd am y defnydd a fu arnynt yn eu dydd.[1]

Trown yn gyntaf at barhad y dystiolaeth. Yn groes i'r gred gyffredin, ni ddaeth dyddiau arfer Cyfraith Hywel i ben gyda chwymp Llywelyn, oherwydd ni ddiddymwyd y gyfraith

---

[1] Y confensiwn wrth gyfcirio at lawysgrifau Cyfraith Hywel yw defnyddio *sigla* a bennwyd (gan mwyaf) gan Aneurin Owen yn y bedwaredd ganrif ar bymtheg, a dilynir yr arfer hwnnw yma. Ceir allwedd i'r *sigla* ar ddiwedd yr ysgrif.

frodorol yn llwyr gan Edward I a Statud Cymru, 1284. Fel y nodwyd eisoes, parhawyd i gopïo'r llyfrau cyfraith am ganrifoedd ar ôl digwyddiadau cataclysmig y 1280au. Ond rhaid pwysleisio nad copïau o ddiddordeb hynafiaethol yn unig mo'r rhain, fel y tybid ar un adeg, nac ychwaith destunau a gynhyrchwyd mewn ymateb i oresgyniad y Sais, mewn ymdrech ofer i gadw'n fyw ryw gof am orffennol annibynnol a gogoneddus a aeth heibio. Yn hytrach, cynhwysai'r llyfrau hyn destunau cyfraith byw, deunyddiau y parheid i droi atynt gan gyfreithwyr wrth eu gwaith tan yr unfed ganrif ar bymtheg. Oherwydd, fel y dangosodd gwaith haneswyr diweddar yn glir, parhaodd rhai agweddau ar Gyfraith Hywel mewn grym mewn rhai ardaloedd yng Nghymru – yn fwyaf arbennig y Mers, Dyffryn Clwyd a Thywysogaeth y De (sef siroedd Caerfyrddin ac Aberteifi) – tan y bymthegfed ganrif o leiaf, ac mewn rhai ardaloedd yn y De mor ddiweddar ag ail chwarter yr unfed ganrif ar bymtheg.

Trwy Statud Cymru crëwyd sefyllfa gyfreithiol gymysg yn nhiroedd y Goron yng Nghymru. Crynhoir y sefyllfa'n dwt yn rhagair y brenin i'r drefniadaeth newydd:

> We have . . . abolished certain of [the laws and customs of Wales], some thereof We have allowed, and some We have corrected; and We have likewise commanded certain others to be ordained and added thereto.

Er cyfeirio ati fel Statud Cymru, ac er y sonnir yn ei rhagair am *terram Wallie* (gwlad Cymru), yr oedd y darpariaethau hyn wedi eu hanelu mewn gwirionedd at diroedd y brenin yn y Gogledd – sef tair sir newydd Caernarfon, Meirionnydd a Môn yn y gorllewin (y daethpwyd i gyfeirio atynt fel Tywysogaeth Gogledd Cymru), a Fflint yn y dwyrain. Trwy'r Statud sefydlwyd cyfundrefn newydd o lysoedd, a disodlwyd Cyfraith Hywel gan gyfraith Loegr mewn achosion troseddol. Fodd bynnag, caniatawyd parhau i arfer

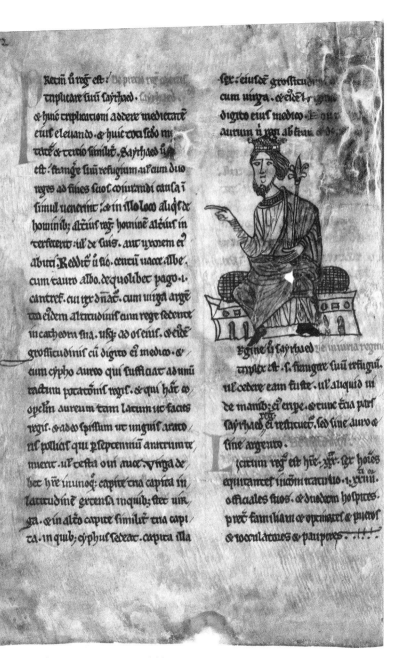

7 Brenin ar ei orsedd (LLGC, Peniarth 28, f. 1ᵛ).

Cyfraith Hywel mewn achosion sifil, a chadarnhawyd arfer system brodorol *cyfran* mewn perthynas ag etifeddu tir. Yr oedd yr ymateb i'r sefyllfa gymysg hon hithau'n gymysg, gan amrywio mewn rhannau gwahanol o'r wlad. Yn Nhywysogaeth y Gogledd, er enghraifft, o fewn ychydig flynyddoedd i gyflwyno'r Statud, dechreuodd rhai elfennau mwy huawdl na'i gilydd yn y gymdeithas bwyso ar frenin Lloegr am ragor o newidiadau, ac yn enwedig am yr hawl i arfer cyfraith Loegr mewn achosion tir: barnent fod cyfraith *cyfran* yn anfanteisiol iddynt o'i chymharu â *primogeniture* cyfraith Loegr, a'u bod yn cael eu llesteirio'n sylweddol o safbwynt economaidd gan y ffaith na chaent brynu a gwerthu tir fel eu cymdogion. Cafwyd y consesiwn cyntaf ym 1316, ac wedyn, trwy gyfres o writiau, cafodd trigolion Tywysogaeth y Gogledd eu dymuniad (yn rhannol, o leiaf) ar ffurf caniatâd i ddod ag achosion tir i lysoedd y Dywysogaeth i'w barnu yn ôl cyfraith Loegr.

Hollol wahanol oedd y sefyllfa yn Nhywysogaeth y De ar y llaw arall: yma yr oedd patrwm cymysg yn bodoli eisoes, gan fod brenin Lloegr yn dal tiroedd yn y rhan honno o'r wlad cyn 1282, ac arglwyddiaethau brenhinol, wedi eu canoli o gwmpas Caerfyrddin ac Aberteifi yn arbennig, eisoes mewn bodolaeth. Llywodraethid ar yr arglwyddiaethau hynny mewn ffordd sylfaenol debyg i arglwyddiaethau'r Mers, a châi awdurdod y brenin ei weinyddu mewn cyfraith a oedd yn gymysgedd o elfennau Seisnig a Chymreig. Ymddengys fod y boblogaeth yn y mannau hyn yn llawer mwy traddodiadol na'u cymheiriaid yn y Gogledd gan y parheid i fanteisio'n llawn ar yr hawl i arfer Cyfraith Hywel mewn achosion a ganiatâi hynny. Yn wir, gwyddys i gynrychiolwyr y cymunedau hyn ar sawl achlysur fynegi eu hanfodlonrwydd ar natur arw cyfraith Loegr a gofyn i'r brenin gadarnhau eu hawl i arfer hen gyfreithiau'r wlad, gan bledio eu rhagoriaeth. O ganlyniad, parhaodd Cyfraith Hywel mewn grym mewn rhai mathau o achosion, sef rhai yn ymwneud â thir ac eiddo,

8 Ynad llys a llyfr cyfraith yn ei law (gwaelod) (LLGC, Peniarth 28, f. 4ʳ).

mewn o leiaf rannau o Dywysogaeth y De hyd at y Deddfau Uno. Nid rhyfedd, felly, i'r llyfrau cyfraith brodorol gael eu copïo, eu darllen a'u defnyddio gan gyfreithwyr wrth eu gwaith mewn rhannau o'r de-orllewin hyd ail chwarter yr unfed ganrif ar bymtheg.

Y mae gan y llyfrau cyfraith lawer i'w ddweud am drefn draddodiadol gweinyddu'r gyfraith yn y llysoedd brodorol. Yng ngogledd Cymru fe'i gweinyddid yn llysoedd y cwmwd gan farnwyr proffesiynol a elwid yn *ynaid cwmwd*. Yn y De, ar y llaw arall, gwrandewid ar achosion gan yr arglwydd lleol (neu ei ddirprwy), ynghyd â nifer o farnwyr amatur a elwid yn *frawdwyr o fraint tir*, sef perchenogion tir a dynnwyd o blith gwŷr rhydd y cwmwd, a'r rhain a fyddai'n gyfrifol am ddod i farn briodol a rhoi'r ddedfryd. Yr oedd swydd ynad yn un uchel ei statws, a cheir peth cyfarwyddyd yn y llyfrau cyfraith ynghylch yr hyfforddiant a gâi i'w gymhwyso ar gyfer ei ddyletswyddau; er enghraifft, disgwylid iddo fod yn hyddysg yn y rhan honno o lyfrau cyfraith y Gogledd a adwaenid fel y Llyfr Prawf. Ni châi'r brawdwyr o fraint tir eu paratoi ar gyfer eu gwaith yn yr un ffordd, fodd bynnag, ac y mae'n glir eu bod o'r herwydd yn ddibynnol iawn ar destunau ysgrifenedig o Gyfraith Hywel i'w galluogi i ddod i benderfyniadau teilwng yn yr achosion a ddygid o'u blaen. Nid rhyfedd, felly, bod llyfrau cyfraith y De yn gosod cymaint pwyslais ar ran allweddol y testun ysgrifenedig, y *brawdlyfr*, ym mhrosesau gweinyddu'r gyfraith frodorol, wrth i'r brawdwyr amatur hyn roi barn neu amddiffyn barn flaenorol mewn achosion o apêl.

Ceir cadarnhad annibynnol ynghylch y drefn ddeublyg, draddodiadol hon gan y tystion a ymddangosodd gerbron y Comisiynwyr a benodwyd gan Edward I ym 1281 i archwilio i gyflwr y gyfraith yng Nghymru. Dyna oedd sylwedd y dystiolaeth a gyflwynwyd, er enghraifft, gan gynrychiolwyr o Geredigion a ddaeth o flaen Comisiynwyr y Brenin yn Llanbadarn y flwyddyn honno. Ond os parheid wedyn i arfer

Cyfraith Hywel yn y De ymhell ar ôl y goncwest, awgrymwyd, y mae hefyd yn glir y bu peth newid yn ei gweinyddu. Er nad yw rholiau'r llysoedd cwmwd wedi goroesi, y mae dogfennau ariannol ar glawr o hyd sy'n dangos bodolaeth dosbarth arall o wŷr cyfraith yn ne Cymru erbyn ail hanner y bedwaredd ganrif ar ddeg, yn ogystal â'r brawdwyr o fraint tir. O tua 1375 ymlaen cadwyd cofnodion o daliadau a wnaed i ddynion a benodwyd gan y Goron i gywiro camddyfarniadau a wnaed o dro i dro gan y brawdwyr. Yr enw a roddir ar y dynion hyn yw *dosbarthwyr*; fe'u disgrifir fel gwŷr hyddysg yn y gyfraith frodorol, a derbynient dâl am eu gwaith gan y Drysorlys Frenhinol yng Nghaerfyrddin. (Elwai'r Goron hithau'n sylweddol o weithgareddau'r dosbarthwyr, gan y dirwyid y brawdwyr o fraint tir – a'r dosbarthwyr hwythau – yn drwm pe gellid dangos iddynt farnu'n amhriodol, heb gynsail ysgrifenedig, mewn achos penodol.) Gwyddys am dros ddeugain achos lle y bu dosbarthwyr ar waith, ac enwir dros ddeg ar hugain o unigolion yn y cofnodion. Y mae amryw o'r rhai a enwir yn hysbys ddigon o gyd-destunau eraill, yn aelodau amlwg yn y gymdeithas ar wahân i'w gweithgarwch cyfreithiol – dynion fel Rhydderch ab Ieuan Llwyd o Ystrad Aeron, er enghraifft, noddwr y mae ei enw bellach yn annatod glwm â Llyfr Gwyn Rhydderch, un o'r prif gasgliadau llenyddol canoloesol, a gŵr y gwyddys iddo gyflawni nifer o swyddi gweinyddol yng Ngheredigion yn y 1380au a'r 1390au. Dichon mai at ei arbenigedd ym myd y gyfraith a'i weithgarwch fel dosbarthwr y cyfeiria'r llinellau a ganlyn o waith Dafydd y Coed:

> Croyw Rydderch, pab geirserch pob gorsedd,
> Cryf Selyf gwiw hoywdyf gyhydedd,
> Crair geirgall da ddyall diddyedd
> C'redigion . . .

Wrth foli Rhydderch ynghyd â'i gyfyrder, Llywelyn Fychan o Anhuniog – un arall hyddysg yng Nghyfraith Hywel y

cadwyd cyfeiriadau ato yng nghofnodion Tywysogaeth y De
– pwysleisiodd Llywelyn Goch ap Meurig Hen eu trylwyredd
wrth weinyddu'r gyfraith:

> Dechrau a chanawl hawl a holynt,
> Na diwedd cyfraith nid edewynt.

Yr oedd y gyfraith frodorol yn un o ganghennau'r ddysg
draddodiadol y disgwylid i'r bonheddwr canoloesol diwylliedig
fod yn hyddysg ynddynt – ynghyd â'r hengerdd a hanes y
genedl, er enghraifft – fel y dengys amryw o gyfeiriadau yng
ngherddi'r cyfnod. Meddai Llywelyn Goch ap Meurig Hen
mewn cywydd i Hywel a Meurig Llwyd o Nannau:

> Fy swydd gyda'm harglwyddi,
> Hyn fydd, a'u câr hen wyf i:
> Darllain cyfraith, rugliaith raid,
> Sifil, i'm cyfneseifiaid.

Ac amlinellodd Dafydd y Coed beth o gynnwys llyfrgell
Hopcyn ap Tomas o Ynysforgan, gŵr y tybir i Lyfr Coch
Hergest gael ei gopïo ar ei gyfer, gan roi amcan clir o
ehangder diwylliant y noddwr llenyddol pwysig hwnnw:

> Mwnai law, mae yn ei lys,
> Eurddar, y Lusidarius,
> A'r Greal a'r Yniales,
> A grym pob cyfraith a'i gras.

Dadleuwyd y gellir cysylltu un o lyfrau cyfraith dechrau'r
bymthegfed ganrif, sef llawysgrif J, â llys Hopcyn, er na
chadwyd unrhyw dystiolaeth benodol i awgrymu iddo
weithredu fel dosbarthwr, fel a gadwyd, er enghraifft, yn
achos ei gymheiriad o Ystrad Aeron. Os oedd darllen y
gyfraith frodorol yn rhan o ddiwylliant arferol y bonheddwr
canoloesol, gan beri felly fod galw am gopïau o'r llyfrau
cyfraith i'r diben 'cyffredinol' hwnnw yn eu llysoedd,
gymaint mwy y byddai angen llyfrau o'r fath at ddefnydd

arbenigol y gwŷr hyn a'u tebyg fel dosbarthwyr, er caniatáu iddynt gadarnhau dedfrydau'r brawdwyr o fraint tir, neu eu cywiro, yn ôl yr angen. Yn wir, ymddengys mai'r sefyllfa hon, a fynnai fod y brawdwr o fraint tir a'r dosbarthwr fel ei gilydd yn dilysu eu barn trwy gyfeirio at gyfraith ysgrifenedig, sy'n egluro paham y parheid nid yn unig i gopïo llyfrau cyfraith yn ne Cymru tan yr unfed ganrif ar bymtheg, ond hefyd i gynhyrchu testunau newydd, o fathau newydd, fel y gwelwn.

Y mae llyfrau cyfraith y De hwythau, o'r bymthegfed ganrif ymlaen, yn cyfeirio at fodolaeth y dosbarthwyr, gan amlinellu'r rhan a chwaraeid ganddynt wrth farnu mewn achosion, a'r drefn a ddilynid wrth wneud hynny. Y mae llawysgrif *Tim*, a gopïwyd yn Nyffryn Teifi tua chanol y bymthegfed ganrif, yn honni mewn un man ei bod yn cynnwys 'Rhol Dafydd Llwyd', sef, fe dybir, ddeunydd a dynnwyd o lyfr dosbarthwr hysbys y goroesodd amryw o gyfeiriadau ato yng nghofnodion swyddogol Ceredigion rhwng 1387 a 1417.

Ni chadwyd ond un cofnod cyflawn o gynnal achos gerbron dosbarthwyr, a hynny o arglwyddiaeth Lancastraidd Cydweli ym 1510, ond y mae'r cofnod hwnnw'n hynod werthfawr am sawl rheswm, fel y dangosodd J. Beverley Smith. Yn gyntaf, y mae'n darparu tystiolaeth bwysig am barhad Cyfraith Hywel yn y De yng nghyd-destun achosion tir mor ddiweddar â dechrau'r unfed ganrif ar bymtheg. Yn ail, disgrifir trefn yr achos mewn cryn fanylder, gan gadarnhau llawer o fanylion y llyfrau cyfraith eu hunain am ddull cynnal achos gerbron dosbarthwyr. Ac yn drydydd, ac yn bwysicaf yng nghyd-destun y drafodaeth bresennol, y mae'n dangos yn glir y rhan ganolog a chwaraeai testunau ysgrifenedig yng ngweinyddiad Cyfraith Hywel yn llysoedd y cwmwd yn y cyfnod hwnnw. Sonnir yn benodol yn y cofnod fod y dosbarthwyr yn troi yng nghwrs yr achos at lyfr cyfraith Cymreig, *liber legum Wallie*, i'w cynorthwyo yn eu dyfarniad, a rhan o ddiddordeb arbennig y ddogfennaeth yw bod nifer o ddyfyniadau o lyfr cyfraith wedi eu hymgorffori ynddi, yn y mannau priodol wrth adrodd hynt yr achos.

Yn yr iaith Ladin y mae cofnod achos Cydweli, fel yr oedd yr arfer ar y pryd ar gyfer cofnodion swyddogol o'r fath, ac y mae'r dyfyniadau o'r llyfr cyfraith yr ymgynghorwyd ag ef hwythau yn yr iaith honno. Ond goroesodd hefyd yn y llawysgrifau gofnod o achos arall – un answyddogol o bosibl – a gynhaliwyd yng Nghaeo ym 1540. Anghydfod arall ynghylch yr hawl i ddarn o dir oedd hwn, ac yma eto y mae'r dogfennau, wrth nodi'r gwahanol gamau yn yr achos, yn cynnwys dyfyniadau o lyfr cyfraith; ond y tro hwn Cymraeg yw cyfrwng y cofnodi a'r dyfyniadau.

Yn y ddau achos hyn – Cydweli ym 1510 a Chaeo ym 1540 – cadwyd tystiolaeth glir nid yn unig am barhad Cyfraith Hywel fel cyfraith fyw mor ddiweddar â hanner cyntaf yr unfed ganrif ar bymtheg, ond hefyd am y modd y defnyddid llyfrau cyfraith wrth ei gweinyddu. Er na oroesodd yr union lyfrau a ddefnyddiwyd yn yr achosion dan sylw, y mae'r darnau ohonynt a ddyfynnwyd yn datgelu tipyn am natur y llyfrau hynny. Y mae'n amlwg eu bod yn perthyn yn bur agos i destunau sydd wedi goroesi mewn llawysgrifau a gopïwyd tua chanol y bymthegfed ganrif yn ne Ceredigion. Gellir honni hyn â pheth hyder, oherwydd er bod rhai o'r rheolau a ddyfynnir, yn Gymraeg a Lladin, yn rhai 'clasurol', yn cyfateb i fersiynau ar y gyfraith a gofnodwyd mewn llawysgrifau a gopïwyd c. 1300 (yn Gymraeg yn *O* a *Tr*, er enghraifft, ac yn Lladin yn *Lat. D*), y mae darnau eraill yn cynrychioli datblygiad neu helaethiad ar y gyfraith draddodiadol honno, fel y'i cofnodir yn y llyfrau diweddar. Oherwydd os parhaodd Cyfraith Hywel mewn grym hyd yr unfed ganrif ar bymtheg, ni pharhaodd yn ddigyfnewid. Nid yw llyfrau cyfraith canol y bymthegfed ganrif, dyweder, yn unfath eu cynnwys a'u trefn â rhai dechrau'r bedwaredd ganrif ar ddeg. Yn benodol, y mae'r llyfrau diweddar yn arddangos rhyw ymagweddu pragmataidd

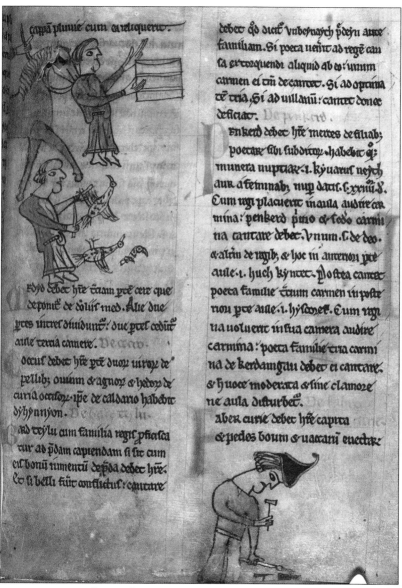

9 Gwastrod yn cydio mewn cyfrwy, cogydd yn lladd dofednod,
a gof wrth ei waith (LLGC, Peniarth 28, f. 6ʳ).

ar ran eu cynullwyr a'u copïwyr yn wyneb amgylchfyd cyfreithiol newydd, ac un a oedd yn parhau i newid.

Trown, felly, at yr ymagweddu pragmataidd hwn. Y mae pob un o'r llyfrau cyfraith brodorol, o ran ei strwythur, yn gasgliad o 'draethigau' annibynnol – trafodaethau amrywiol eu hyd a phob un yn traethu ar ryw bwnc penodol: lladrad, llosg, ffiniau, tystion, etifeddu tir, gwerth anifeiliaid ac yn y blaen. Er bod rhai o'r traethigau hyn yn gyffredin neu'n lledgyffredin i bron bob un o'r llyfrau a oroesodd, y mae hefyd lawer o wahaniaethau rhwng y testunau hyn a'i gilydd, oherwydd hyd ganol yr unfed ganrif ar bymtheg fe'u cynhyrchid gan wŷr y gellid eu hystyried yn lladmeryddion y gyfraith ac nid copïwyr yn ystyr fanwl y gair. Er gwaethaf yr honiad sydd yn ymhlyg yn y term 'Cyfraith Hywel', nid casgliad o ddatganiadau brenhinol mo'r gyfraith frodorol o gwbl, ond yn hytrach – yng ngeiriau F. W. Maitland – y mae'n 'lawyer-made law, glossators' law, text-writers' law'.

Gellir dosbarthu'r rhan fwyaf o'r llyfrau cyfraith a oroesodd i un o dri grŵp penodol. Ar un adeg tybid bod y rhain yn cynrychioli amrywiadau daearyddol ar y gyfraith, yn sgil y tri llyfr yr honnir i Hywel 'erchi eu gwneuthur' yng nghynulliad y Tŷ Gwyn ar gyfer gwahanol rannau o'i deyrnas, ac adlewyrchid hynny yn y derminoleg a arferid arnynt: Dull Gwynedd, Dull Dyfed, Dull Gwent. Er y derbynnir o hyd fod rhaniad triphlyg sylfaenol ar y testunau, y gred bellach yw nad cyfreithiau cyfredol tair rhanbarth wahanol sydd y tu ôl i'r patrwm hwn yn gymaint â chyflwr a datblygiad y gyfraith mewn rhannau gwahanol o'r wlad adeg cynnull y gwahanol fersiynau. O'r herwydd, newidiwyd y termau a ddefnyddir wrth gyfeirio atynt. Am gyfnod arferid dull Iorwerth, dull Blegywryd a dull Cyfnerth, ar ôl enwau cyfreithwyr a grybwyllir yn y gwahanol fersiynau. Bellach, er tanlinellu nad awduron fel y cyfryw mo'r gwŷr hyn, dibersonolwyd y derminoleg ac arfer y labeli Ior., Bleg. a Chyfn. arnynt.

Gan fod pob llyfr cyfraith yn gasgliad o draethigau annibynnol y gellid – yn ddamcaniaethol o leiaf – eu haddrefnu neu ychwanegu atynt yn bur ddidrafferth, yr oedd eu strwythur sylfaenol yn hwyluso gweithgarwch golygyddol ar ran eu cynullwyr, a thrwy gydol y cyfnod canol datblygodd y testunau hyn trwy broses o ailweithio ac addrefnu deunydd traddodiadol ar y naill law, ac ar y llall trwy ychwanegu traethigau newydd at gasgliadau a oedd eisoes yn bod. Er bod y rhan fwyaf o'r llyfrau cyfraith sydd wedi goroesi yn cynnwys testun craidd sy'n perthyn i un o'r tri grŵp, Ior., Bleg., neu Cyfn., gan ddilyn cynnwys a threfn nodweddiadol eu grŵp yn bur agos fel arfer, y mae llawer ohonynt yn cynnwys hefyd ddeunydd ychwanegol ar ffurf 'cynffon' a atodwyd i'r testun craidd, ac yn gyffredinol, po ddiweddaraf y llawysgrif, hwyaf i gyd fydd yr atodiad. Yn y sylwadau a ganlyn, canolbwyntir ar lawysgrifau Bleg., sef y fersiwn ar Gyfraith Hywel a gysylltir â de-orllewin Cymru, ardal lle y gellir olrhain parhad y gyfraith frodorol, fel y gwelwyd, hyd yr unfed ganrif ar bymtheg.

Yn y llyfrau cyfraith hyn, ymddengys fod rhyw egwyddor esblygiadol ar waith: o leiaf, dyna'r argraff a geir o'r llawysgrifau a oroesodd. Os derbynnir mai cynnwys cnewyllol y dull hwn yw'r traethigau hynny a geir yn y llawysgrifau Bleg. cynharaf sydd gennym, sef *O* a *Tr* y gellir eu dyddio *c.* 1300 (ac a gyhoeddwyd gan Stephen J. Williams a J. Enoch Powell yn *Cyfreithiau Hywel Dda yn ôl Llyfr Blegywryd*, 1942), yna ymddengys fod yr arfer o ychwanegu deunydd pellach at y craidd hwnnw wedi dechrau mor gynnar â chanol y bedwaredd ganrif ar ddeg. 'Cynffonnau' cymharol gryno a atodwyd i ddwy lawysgrif a oroesodd o'r cyfnod hwnnw (*L* a *Bost.*). Erbyn llawysgrif *J*, ar droad y bymthegfed ganrif, aeth y deunydd ychwanegol yn fwy sylweddol o lawer, yn cyfrif am dros draean y testun cyfan. Ac mewn dwy lawysgrif a luniwyd tua chanol y bymthegfed ganrif (*S* a *Tim*), ffurfia'r deunydd ychwanegol atodiad hirfaith a chymhleth sy'n hwy o lawer na'r testun Bleg. sy'n ei ragflaenu. Fodd bynnag, ymddengys fod yr arfer o ychwanegu deunydd at destun Bleg. yn cyrraedd ei benllanw mewn grŵp o dair llawysgrif agos-gysylltiedig a luniwyd yn y bymthegfed ganrif, sef Q, ynghyd â'r copïau ohoni, P ac Є. Yn y rhain, nid ar ffurf 'cynffon' hir a chymysg yn dilyn y testun craidd y gosodwyd y deunydd ychwanegol i gyd bellach. Yn hytrach, ceir cynullydd Q (neu ei ragflaenydd) yn gweithredu fel golygydd testunol ymwybodol, ac yn corffori darnau sylweddol o'r deunydd hwnnw mewn dull themataidd mewn mannau perthnasol rhwng y traethigau Bleg. traddodiadol ym mhrif gorff y testun, er bod llawer o ddeunydd pellach wedi ei gynnwys hefyd ar y diwedd.

Nid yw'r deunydd ychwanegol a atodwyd i'r testun Bleg. craidd yn y llyfrau diweddar hyn i gyd o'r un fath nac o'r un oedran. Nid yw ychwaith yn tarddu o'r un ffynhonnell. Ar sail y gosodiadau a wneir yn y llyfrau cyfraith eu hunain, y mae'n glir bod eu cynullwyr, o'r testunau cynharaf ymlaen, yn ymwybodol o fodolaeth amrywiadau daearyddol ar y gyfraith frodorol, gan ddeall a derbyn bod yr arfer mewn perthynas â'r mater-a'r-mater yn Neheubarth, dyweder, yn wahanol i'r arfer yng Ngwynedd. Nid yw hyn i'w weld yn gliriach yn unman, efallai, na'r darn a ganlyn sy'n sôn am y gwahaniaeth rhwng barnwyr proffesiynol y Gogledd a'r brawdwyr o fraint tir a nodweddai'r sefyllfa yn y De:

> Kynntaf y gossodes y brenhin pumb swydauc ympob llys o'r wlat yg Gwynned a Phwys, nyt amgen, maer, kyghellaur, righill, offeirat y yscrivenu dadleueu, ac vn brawdwr trwy swyd; a phetwar megys y rei kynntaf ympob llys yn Deheubarth, a lliaws o vrawdwyr, nyt amgen, pob perchenn tir, megys yd oedynt kynn Hywel Da, o vreint tir heb swyd.

Oherwydd y gwahaniaethau rhwng y gwahanol ddulliau, y deunydd ychwanegol hawsaf i'w adnabod a'i ddosbarthu yw'r traethigau hynny a dynnwyd o'r traddodiadau cyfreithiol cyfochrog. Fel arfer – ond nid yn ddieithriad – y mae'r traethigau a fenthycir yn rhai nad oes dim cyfatebol iddynt yn y testun craidd. Er enghraifft, y mae llawysgrif *S*, a gynullwyd yn ne Ceredigion, yn cynnwys yn ei 'chynffon' draethigau ar *Cyfâr* a *Llwgr ŷd* sy'n amlwg yn tarddu o lyfrau cyfraith Ior., er bod y deunydd wedi ei addasu – yn bur drwyadl mewn mannau – cyn ei gopïo ar ddalennau'r llawysgrif honno. Yr un modd, er bod traethig am *Meichiau* yn rhan o ddeunydd cnewyllol Bleg., cynhwyswyd traethig pellach ar y pwnc yng 'nghynffon' *S*, un sy'n tarddu o'r fersiwn diwygiedig o ddeunydd Ior. a gadwyd yn llawysgrif *Col.*

Yn ogystal â'r traethigau benthyg hyn o'r dulliau eraill, atodwyd hefyd i lyfrau cyfraith diweddar y De ddeunydd traddodiadol o fathau eraill. Un *genre* tra diddorol, yn enwedig o safbwynt ei ddefnyddioldeb ymarferol, yw'r casgliadau o gyfraith achosion y cyfeirir atynt fel arfer fel 'damweiniau' gan fod y rhan fwyaf o'r achosion a nodir yn agor â'r fformiwla 'O damweinia . . .' ('Os digwydd . . .') – er mai 'O dderfydd . . .' yw'r fformiwla arferol yn llyfrau'r De; er enghraifft:

O deruyd y dynion wneuthur amod am bysgawd ynn hela, hep y neill, 'Y pysk kyntaf a lader y mi'; hep y llall, 'Y pysk diwethaf a lader y mineu', ac na las namyn vn, kyfreith a dweid lle bo kyhyded y dyly ran deu haner vod rydynt.

O dervyd y dynyon hela pysgod, ac ynn yr helynd dyfod dynyon ereill attynt wrth lad a myny rann, hwy a dylyant rann ony dervyd y dodi ar latheu neu ar wydyn; o bydant velly, ny dylyant dim.

Er bod llawer o'r 'damweiniau' hyn yn tarddu yn y pen draw o draddodiad cyfreithiol Gwynedd, lle yr oedd 'Llyfr y Damweiniau' yn gysylltiedig â rhai testunau Ior., y mae 'cynffonnau' rhai o lawysgrifau diweddar Bleg. yn cynnwys hefyd gasgliadau hir o ddamweiniau nad oes modd bellach olrhain eu ffynhonnell gydag unrhyw fath o sicrwydd.

Y mae trefniannau triawdaidd ar wybodaeth yn nodwedd gyfarwydd ar lenyddiaeth Gymraeg yr Oesoedd Canol, a manteisia'r llyfrau cyfraith ar yr holl bosibiliadau didactaidd a mnemonig a berthyn i'r *genre*. Y mae bron pob llyfr cyfraith sydd wedi goroesi yn cynnwys trioedd yn rhan o'r testun craidd; er enghraifft:

> Teir gormes doeth ynt: meddawt, a godineb, a dryc anyan.

> Tri pheth or keffir ar fford nyt reit y neb atteb ohonunt; pedol, a nottwyd, a cheinnawc.

> Tri phrenn yssyd ryd yn fforest y brenhin: pren crib eglwys, a phren peleidyr a wnelher reit y brenhin ohonunt, a phren elor.

Fodd bynnag, y mae'r llyfrau diweddar yn cynnwys casgliadau ychwanegol, hirfaith weithiau, o drioedd: yn gyffredinol, po ddiweddaraf y llyfr, hwyaf fydd y casgliad(au) o drioedd, a'r rheini'n aml ar ffurf estynedig sy'n cymharu'n chwyrn â'r mynegiant tyn sy'n nodweddu trioedd y testunau craidd.

10 'Tri phren rhydd': triawd addurnedig o Ganolfan Hywel Dda, Hendy-gwyn.

Math arall o ysgrifennu sy'n nodweddu'r 'gynffon' yn sawl un o'r llyfrau diweddar yw deunydd y gellir yn hawdd ei ddehongli fel deunydd hyfforddiannol a baratowyd gan athro ar gyfer disgybl neu brentis er esbonio hanfodion y gyfraith. Weithiau cyflwynir y deunydd hwn mewn dull sgemataidd, rhifyddol; er enghraifft: 'Pedwar peth ar pymthec yssyd reid y bod . . .' Ond ffurf gyffredin yw'r patrwm holi-ac-ateb sy'n gyfarwydd mewn testunau hyfforddiannol o bob math yn yr Oesoedd Canol, ac y manteisir arno yng nghyd-destun y llyfrau cyfraith diweddar er cyflwyno rhestrau o achosion unigryw; er enghraifft:

A oes deu vroder ni dylyont mwy noc vn? Oes; o genir deu vab yn vn dorllwyth y wreic, ny dyly yr hei hynny euthur ran vn ettifed.

A oes vn alanas na bo vn affeith idi? Oes: or llad enefeil dyn, hwnnw yw'r lloffryd; ny dyly bod affeith idi.

A oes vn dyn a vo mwy gwerth y law no gwerth y eneid? Oes; kaeth.

Yng nghategori'r deunydd hyfforddiannol, y mae'n debyg, y dylid gosod hefyd y casgliadau o gŵynion enghreifftiol a ychwanegwyd i rai o'r llyfrau diweddar. Y mae'n bur arwyddocaol bod y rhan fwyaf o'r rheini a atodwyd i lawysgrif Q (ynghyd â P ac **Є**) yn ymwneud ag achosion tir ac eiddo: cynullwyd Q yn y Cantref Bychan yn sir Gaerfyrddin, fe dybir, sef ardal lle y parheid i arfer Cyfraith Hywel wrth benderfynu achosion yn y meysydd hyn, fel y gwelwyd, hyd gyfnod diweddar iawn.

O'u cymryd ynghyd, y mae'r damweiniau, y trioedd, yr achosion unigryw ar ffurf holi-ac-ateb a'r cwynion enghreifftiol yn awgrymu'n gryf bod llawer o'r deunydd ychwanegol a gynhwyswyd yn y llyfrau cyfraith diweddar yn tarddu o draddodiad cyfreithiol llafar, ac nid yw'n amhosibl bod cynullwyr y gwahanol lyfrau hyn wedi tynnu ar draddodiad llafar lleol wrth lunio'r 'cynffonnau' i'w testunau estynedig.

Yn olaf, y mae'r llyfrau cyfraith diweddar hefyd yn cynnwys deunydd ychwanegol ar ffurf traethigau newydd sbon – trafodaethau newydd ar egwyddorion na cheir fawr mwy na chyfeiriadau prin atynt yn y testunau cynharach; trafodaethau ar faterion sy'n ymddangos ar eu dalennau efallai am y tro cyntaf, neu ynteu mewn ffurf newydd sbon; o'r hyn lleiaf, ni oroesodd eu cynseiliau. Er enghraifft, yn nhestun cnewyllol Bleg. ceir trafodaeth ar *Dosbarth*, ond y mae'r llyfrau diweddar yn cynnwys trafodaeth estynedig ar y pwnc hwnnw, ynghyd ag ymdriniaeth ar *Camddosbarth*, lle y cawn am y tro cyntaf ar dudalennau'r llyfrau cyfraith eu hunain gyfeiriadau at ddosbarthwyr a'r gweithgarwch cyfreithiol a gysylltir â hwy.

Tua diwedd y deunydd ychwanegol yn llawysgrif *S* ceir traethig estynedig lle y mae'r cynullydd fel petai'n cymryd cam yn ôl oddi wrth ei waith ac yn mynd ati i geisio diffinio a disgrifio mewn ffordd wrthrychol hanfodion yr hyn a elwir ganddo'n 'Wyddor Cyfraith Hywel Dda':

> Pwy bynnac a vynnho gwybot beth yw kyfreith a eu ranneu, ac adnabot defnyd hawl, a pha wed yr attepper y hawl, a hynny ar dyall a grym teir testynn o'r brawtlyfyr, nit amgen teir rann awdyrdawt kyfreith, ac ar dri defnyd hawl, ac ar dri ryw atteb yssyd ynn y gyfreith; a'r llyfyr hwnn a elwir Gwyddor Kyfreith Howel Da.

Gellid yn hawdd ddehongli'r traethig hwn yn llawlyfr ar gyfer y dosbarthwr neu'r brawdwr o fraint tir, a'r trefnu a'r dosbarthu, y crynhoi a'r egluro sydd ynddo'n ymgais gynhwysfawr i'w gynorthwyo i ymgyfarwyddo â chymhlethdodau (digon astrus weithiau) y system cyfreithiol y disgwylid iddo ei weinyddu.

Y mae'r llyfrau cyfraith diweddar yn destunau cymhleth a chyfansawdd, felly, yn cynnwys haenau o ddeunyddiau o wahanol fathau a'r rheini wedi eu tynnu o wahanol ffynonellau. Y maent ym mhob ystyr yn *compedia*, neu'n 'ddeddfgronau', a chymhwyso'r teitl a roddodd William Maurice, un o arloeswyr astudiaethau Cyfraith Hywel yn yr ail ganrif ar bymtheg, ar ei gasgliad mawr yntau o destunau cyfraith (bellach yn llawysgrifau LlGC, Wynnstay 37 a 38). Er bod y deddfgronau yn cynnwys hefyd beth deunydd ffosil, na allai fod wedi bod o werth ymarferol erbyn y bymthegfed ganrif, dyweder (ond a fyddai wedi bod o ddiddordeb hynafiaethol i'r uchelwr diwylliedig, y mae'n siŵr), rhaid pwysleisio mai'r prif argraff a wneir gan y llyfrau hyn yw eu bod yn gynnyrch osgo bragmataidd ar ran eu llunwyr, a hwythau wedi ceisio cynnull ynddynt bob testun posibl ar bob pwnc posibl a allai fod o ddefnydd ymarferol i gyfreithiwr wrth ei waith. Gellid tybio y byddai gan y brawdwr o fraint tir a'r dosbarthwr fel ei gilydd ddiddordeb mawr yn y gwahanol haenau sydd i'w cael yn y testunau diweddar hyn – deunydd traddodiadol o'r dulliau cyfraith cyfochrog, dyfeisiau mnemonig, enghreifftiau o gyfraith achosion – unrhyw beth a allai gynnig canllaw pendant wrth farnu'r achos o'u blaen a rhoi'r ddedfryd. Os yw'r llyfrau cyfraith diweddar yn sawru weithiau o awydd obsesiynol bron ar ran eu cynullwyr i fod yn hollgynhwysol, y maent hefyd yn ymateb i'r sefyllfa a oedd ohoni ar y pryd: *milieu* cyfreithiol lle y gosodid dirwy trwm ar frawdwr o fraint tir neu ar ddosbarthwr os gellid dangos bod dyfarniad a roddwyd mewn rhyw achos arbennig heb gynsail ysgrifenedig.

Ond y mae'n deg nodi bod pragmatiaeth cynullwyr y llyfrau hyn yn gweithredu hefyd mewn ffordd gyferbyniol, oherwydd nid oeddynt yn swil o hepgor, ar dro, ddeunydd na allai fod o unrhyw ddefnydd ymarferol pellach. Er enghraifft, y mae un ffrwd yn nhraddodiad llawysgrifol Bleg. yn gollwng â nodyn digon swta y traethigau hynny yn y testun craidd sy'n ymdrin â'r llys brenhinol – sefydliad a ddaeth i ben gyda chwymp yr olaf o'r tywysogion brodorol ym 1283:

> Peidyaw weithon a wnawn a chyfreitheu llys kanyt oes aruer na chrynodeb ohonynt yr awr hon a dechreu kyfreitheu y wlat . . .

Gollyngwyd y deunydd hwn o rai o'r llawysgrifau Bleg. cynharaf a feddwn (c. 1300), ond dehonglwyd y weithred mewn sylw iwtlitaraidd pellach gan ysgrifydd llawysgrif *S* tua chanol y bymthegfed ganrif:

> Peidaw wethion a wnnawn a chyfreitheu swydogion llys y brenhin, kanyt oes aruer na reit wrthunt, namyn blinder eu hyscrifennu a chosti memrwn a du yn diffrwyth.

Agwedd arall ar y gyfraith frodorol a oedd wedi hen ddiflannu erbyn y bymthegfed ganrif oedd cyfraith *galanas* (sef rheolau ynghylch llofruddiaeth a dyn-laddiad) gan y disodlwyd Cyfraith Hywel gan gyfraith Loegr mewn achosion troseddol. Eto i gyd, y mae'r llyfrau cyfraith diweddar yn parhau i fanylu ar gyfraith galanas ac yn rhoi manylion am genedl galanas, sef y perthnasau a dalai ac a dderbyniai iawndal mewn achosion o'r fath. Y mae'r anghysonder ymddangosiadol rhwng hynny a'r agwedd bragmataidd y dadleuwyd sy'n nodweddu'r testunau diweddar hyn yn gyffredinol i'w esbonio gan y ffaith bod cysyniad y genedl yn gorwedd wrth wraidd llawer iawn o'r egwyddorion yr oedd y brawdwyr o fraint tir a'r dosbarthwyr yn ymwneud yn ymarferol â hwy o hyd. Yn arbennig, yr oedd rhaid wrth ddealltwriaeth o strwythur cenedl galanas er gweithredu system *rhaith*, a barhaodd mewn grym hyd ddiwedd cyfnod Cyfraith Hywel fel system cyfraith ymarferol a byw, a phwnc y rhoddir gofod sylweddol iddo yn y llyfrau cyfraith diweddar.

O ystyried y cwbl ynghyd, y mae strwythur a chynnwys y llyfrau cyfraith diweddar yn eu hanfod yn adlewyrchu ymateb pur bragmataidd i gyd-destun cyfreithiol a chymdeithasol cyfnod eu llunio, ac y mae cofnodion achosion Cydweli 1510 a Chaeo 1540 yn profi yr ystyrid eu cynnwys yn gyfraith dda, y parheid i'w harfer mewn rhannau o dde-orllewin Cymru hyd yr unfed ganrif ar bymtheg a thranc terfynol y gyfraith frodorol.

Trown, yn olaf, at yr ymgais a wnaethpwyd i wneud defnydd o Gyfraith Hywel fel cyfrwng propaganda. Pan basiwyd Deddfau Uno 1536 a 1543, tynnwyd y llyfrau cyfraith o ddwylo'r cyfreithwyr o'r diwedd. Serch hynny, ni pheidiodd y defnydd ymarferol ar y testunau hyn oherwydd fe'u trosglwyddwyd i ddwylo eraill – eiddo'r ysgolhaig a'r hynafiaethydd a'r academig – a'u troi dros y canrifoedd yn ffynonellau ac yn adnoddau ar gyfer amryw o brosiectau a chyd-destunau newydd: hynafiaethol, hanesyddol, ieithyddol, crefyddol, cymdeithasegol. Yn fwyaf arbennig yng nghyd-destun y drafodaeth bresennol, chwaraeodd dyrnaid o lyfrau cyfraith diweddar ran arwyddocaol yn yr hyn y gellid ei ystyried yn brosiect propaganda mwyaf y cyfnod modern cynnar, sef y dadleuon hanesyddol, ieithyddol a theoretig a gyflwynwyd gan William Salesbury er hybu Protestaniaeth a'r Dadeni Dysg yng Nghymru.

William Salesbury, ond odid, oedd yr unigolyn pwysicaf yn hanes lledaenu syniadau a dylanwadau'r symudiadau cwbl chwyldroadol hynny – Protestaniaeth a Dyneiddiaeth – a dynnodd Gymru allan o'r Oesoedd Canol ac i mewn i'r Cyfnod Modern Cynnar, ac y mae ei gyfraniad yn hyn o beth yn hysbys ddigon. Nid gormod fyddai honni mai ef oedd Cymro mwyaf nodedig ei ddydd, ac y mae ei ddylanwad ar grefydd yng Nghymru ac ar lenyddiaeth ac ysgolheictod y Gymraeg i'w deimlo hyd heddiw. Fel ysgolheigion dyneiddiol eraill ei gyfnod, chwiliodd Salesbury dudalennau'r hen lawysgrifau Cymraeg – yn farddoniaeth ac yn rhyddiaith fel ei gilydd, a chan gynnwys testunau'r llyfrau cyfraith – yn ei syched am ddysg draddodiadol y gallai ei defnyddio a'i chymhwyso i hybu ei agenda fel lladmerydd Protestaniaeth ddyneiddiol.

Cyfraniad mawr Salesbury i'r Gymraeg ac i'r Diwygiad Protestannaidd yng Nghymru oedd ei gyfieithiad o'r Testament Newydd, tasg yr ymgymerodd â hi gyda chymorth yr Esgob Richard Davies a Thomas Huet. Fe'i cyhoeddwyd ym 1567, yn gydamserol â'i gyfieithiad o'r Llyfr Gweddi Gyffredin. Er bod camp ddiamheuol ar y gwaith, denodd cyfieithiad Salesbury o'r Testament Newydd feirniadaeth hallt ar hyd y blynyddoedd ac ar sawl cyfrif, nid lleiaf oherwydd ei ddefnydd helaeth ar ffurfiau a chystrawennau canoloesol, ynghyd ag orgraff anghyson a oedd yn drwm dan ddylanwad y Lladin. Yr oedd y nodweddion hyn yn ganlyniad uniongyrchol i'r modd y cymhwysodd Salesbury ddau gysyniad allweddol i theori Protestaniaeth. Yn gyntaf, yr oedd yn awyddus i ddangos bod y Gymraeg yn gyfrwng teilwng ar gyfer Gair Duw, a gyfyngasid yn yr eglwys Orllewinol hyd at gyfnod y Dadeni i destun Lladin y Fwlgat. Gwnaeth hynny trwy ddefnyddio ffurfiau hynafol, a thrwy 'brofi' yn orgraffyddol fod perthynas agos, onid tebygrwydd yn wir, rhwng y Gymraeg a'r Lladin. Ond yr oedd Salesbury yn awyddus hefyd i ddangos bod y Gymraeg yn gallu ateb y delfryd dyneiddiol o *copia*, sef helaethrwydd neu gyfoeth ieithyddol a nodweddid gan amlder geirfa, a dyna un rheswm paham y mae ymylon dalennau Testament Newydd 1567 yn llawn cyfystyron geiriau a ddefnyddir yng nghorff y testun – geiriau tafodieithol, geiriau benthyg o'r Lladin ac o'r Saesneg, ffurfiau hynafol. Ac ar wasgar yn eu plith y mae dyrnaid hael o dermau cyfreithiol a dynnwyd ganddo'n uniongyrchol, fe ymddengys, o'r llyfrau cyfraith eu hunain.

Gadawodd Salesbury dystiolaeth ddigamsyniol o'i ymwneud â'r llyfrau cyfraith ar ffurf y dangoseiriau a ysgrifennodd ar ymyl sawl dalen mewn dwy lawysgrif sydd

‡gyfoethoc gyſtal ac eraill. Eithr Duw pr hwon 'ſy ‡ 'oludoc

pn-trugareoo,trwy ei bawr gariat a'r pn carooo ef

ni, a' phan oeooem weoy meirw gan pechote,a'n

cyo bywhaooo ni pn-Chriſt, gan rat pa vn pr iacha=

✳cyooſooes wyt chwi, ac an cyo gybooes, ac a'n ✳cyflehaoo pn

y nefolion leoeddpn-Chriſt Ieſu, bal y oangoſei pn

‡gyfoeth, pr oeſoeoo rhac llaw y oirbawr ‡olud y rat ef,trwy

ei gareoigrwyoo y nyni in-Chriſt Ieſu. O bleit

✳ras can ✳rat pr iacheir chwi trwy ffyoo, a hyny 'npd o

‡rhooolat hanoch yhunain: ‡ Dawon Duw poyw. Ʒpo ✳o

✳wrth weithreoedd,rac y neb ymhoffy.Can ys y weithred

ef ydym weoy ein-creau in-Chriſt Ieſu y weithre=

‡orDefniooo oeddoa, pr ei a‡ooarparooo Duw, bal y rhooiem

ynthwynt, Erwyoo paam cofiwch ych bot gynt

pn Genetloeoo pn-y cnawt, ac ich gelwit pn ooi=

enwaeoiat gan pr ei'n,a elwir yr Enwaeoiat pn-y

cnawt, o waith dvvyllaw, eich bot, meooat, y pryo

hyny eb Chriſt, ac pn ooieithreoic y wrth wlaow=

✳ich rieth Iſrael, ac pn estronieit pwrth pr ambooae'r

‡piniſwn,ba addewit, ac eb obeith genwch, ac pn rei ooiooubo

g'wyr genol pn y byt.Ac pr awrhon in-Chriſt Ieſu,pr ei oeoech

✳ooaowuen gynt ym-pell, ✳a wnaethpwyt yn agoſeieit,'ſef

thur,ooioy= trwy waeo Chriſt. Can ys eſe yw'n tangneooyf,

mfo· rhwn a wnaeth y ooopblaid pn bn, ac a ooatooooo

‡oigaſeoo y gayad p‡rhan-baret, gā ✳oirymio trwy y gnawo

✳ooefooeu ef y‡gelpyniaeth, 'ſef Deooyf y gorchpmynnae yr

‡greu hon 'sy yn hanuod o ✳'orinaoeu, y‡ wneuthur y oau

✳cymmooei yn bn oyn newyo ynoo phun, gan wneuthur tan=

‡angeu gneooyfvelly,ac bal y ✳eyſiliai ef y ooau a Duw yn

✳galanas, bn corph gan y‡grogiad ef,a'lfaoo ✳gelpyniaeth wr=

oigaſeoo thei, ac a ooaeth, ac a ‡ Euangelawo oangneoyf

‡hregethoo ywch

11 Effesiaid 2:16, yn dangos *galanas* ar ymyl y ddalen
(gyferbyn ag adnod 16) allan o Destament Newydd 1567.

bellach yn y Llyfrgell Genedlaethol, sef *Col.* a *Tim.*
Awgrymwyd y gallai'r dangoseiriau hynny fod wedi eu
bwriadu'n fynegai amrwd i gynnwys y testun. Fodd bynnag,
ymddengys yr un mor debygol fod Salesbury wedi eu nodi
gyda'r bwriad o fanteisio ar yr eirfa dechnegol hon er
cyfoethogi ei gyfieithiad o'r Testament Newydd. Er
enghraifft, cynigir *galanas* yn gyfystyr â *gelyniaeth* yn
Effesiaid 2:16 ('ac val y cysiliai ef y ddau a Duw yn vn corph
gan y grogiad ef, a lladd gelyniaeth wrthei'); digwydd
sarhaedae yn amrywiad ymyl-y-ddalen ar *camweddae* yn
Efengyl Mathew 18:35 ('Ac velly yr vn ffynyt y gwna ven
nefawl Dat i chwithae, any vaddeuwch o'ch calonae, pop vn
y'w vrawd eu camweddae'); ac yn Philipiaid 3:8, digwydd
dirwy, camlwrw a *diddim* yn gyfystyron ymyl-y-ddalen i
collet ('. . . er mwyn yr hwn y cyfrifais bop dim yn gollet, ac
yddwyf yn ei cfrif yn dom, val y gallwn ennill Christ'). Ym
mhob un o'r enghreifftiau hyn, fel mewn amryw o fannau
eraill ar dudalennau Testament Newydd 1567, nid yw
geirfa'r gyfraith yn gorwedd yn hollol esmwyth yn y cyd-
destun ysgrythurol heb ystumio peth ar ei hystyr dechnegol.

Nid yw diddordeb Salesbury yng ngeirfa'r gyfraith, serch
hynny, i'w weld mor glir yn gynharach yn ei yrfa fel awdur
llyfrau print. Yn ofer y chwiliwn am *galanas, camlwrw,
sarhaed* a'u cymheiriaid o fyd y gyfraith frodorol ar
dudalennau'r geiriadur a gyhoeddodd ym 1547, yn
nechreuadau cyntaf argraffu llyfrau Cymraeg. Ond dichon
nad annisgwyl hynny oherwydd, er mai ffurf geiriadur
Cymraeg-Saesneg sydd ar y gwaith fel y daeth o'r wasg,
ymddengys mai cyhoeddi geiriadur Saesneg-Cymraeg oedd
bwriad gwreiddiol yr awdur. O'r hyn lleiaf, dyna a awgrymir
nid yn unig gan deitl y llyfr, *A Dictionary in Englyshe and
Welshe,* ond hefyd gan ddisgrifiad Salesbury o'r gwaith yn ei
gyflwyniad i'r brenin sy'n rhagflaenu'r geiriadur: 'I haue
written a lytle englyshe dyctionary with the welshe
interpretacion.' Dangosodd W. Alun Mathias i Salesbury

ddefnyddio'n sail i'w eiriadur y geirfâu Saesneg-Ffrangeg a gyhoeddwyd yn *Lesclarcissement de la Francoyse* (1530) o waith John Palsgrave, gan ddarparu cyfieithiadau Cymraeg o'r eitemau yn y rhestrau hynny a'u had-drefnu: methodoleg na fyddai, yn ei hanfod, yn awgrymu nac yn gwahodd defnydd ar eirfa dechnegol y gyfraith frodorol.

Eto i gyd, os nad ymelwodd Salesbury ar botensial y llyfrau cyfraith fel mwynglawdd geirfaol yn y cyfnod cynnar hwn yn ei yrfa fel lladmerydd y Dadeni a'r Diwygiad, gwelodd fod ynddynt bethau eraill y gellid manteisio arnynt er hybu'r achos. Ym 1550 ymddangosodd o wasg Robert Crowley yn Llundain lyfryn bach dwyieithog y cyfeirir ato fel arfer yn Gymraeg fel *Ban wedy i dynny*. Rhydd y teitl llawn amcan clir nid yn unig o gynnwys ond hefyd o ddiben y cyhoeddiad hwn:

Ban wedy i dynny air yngair allan o hen gyfreith Howel ða vap Cadell brenhin Kymbry ynghylch chwechant mlyneð aeth heibio wrth yr hwn van y gellir deall bot yr offeiriait y pryd hynny yn priodi gwrageð yn dichwith ac yn kyttal ac wynt in gyfreithlawn.

Er y cyhoeddwyd y pamffledyn hwn yn ddienw, dangoswyd ei fod yn dwyn llawer o nodau Salesbury, ac y gellir ei briodoli iddo'n bur hyderus. Ceir ynddo ddau ddyfyniad o lyfr cyfraith. Y mae'r cyntaf, a'r mwyaf sylweddol ohonynt, yn adrodd hanes cynhadledd y Tŷ Gwyn: sut y cynullodd Hywel Dda ysgolheigion mwyaf ei oes, yn glerigwyr ac yn wŷr lleyg, i gynhadledd lle yr adolygwyd hen gyfreithiau Cymru yn drwyadl a'u diwygio. Penodwyd un Blegywryd, archddiacon Llandaf a 'doctor yn kyfreith Siuil ac yn kyfreith eccleis', i gofnodi'r gyfraith ac i sicrhau na fyddai dim a benderfynwyd yn y gynhadledd honno yn mynd yn groes i gyfraith eglwysig, a phan oedd y gwaith adolygu ar ben, yn ôl y testun, aeth Hywel yng nghwmni Blegywryd, Lambert esgob Tyddewi, Mordaf esgob Bangor a Chebur esgob Llanelwy, i Rufain lle yr

archwiliwyd y gyfraith a'i chadarnhau gan y Pab Anastasius
yn y flwyddyn 914. Gorffennir trwy ddyfynnu'r 'gwersi' Lladin
a luniodd Blegywryd i nodi'r achlysur.

Wedi gosod seiliau eglwysig cadarn ar gyfer Cyfraith
Hywel fel hyn, â'r pamffledyn yn ei flaen i ddyfynnu triawd
cyfraith ar bwnc etifeddu tir:

> Tri meip en dri broder vn vam vndat ni dyleant kefran o
> tref eu tat can eu braut vn vam vndat. Vn o nadunt yw
> map llwyn a pherth: a gwedi caffael y map hwnnw
> kemryt y wraic honno o roδ kenedyl: Ny δyly hwnnw
> keuran tir ar map a gaffat kyn nog ef yn llwyn ac
> ymperth.
>
> Eil yw kymret gwreic o escolhayc o rod kenedyl ac o
> denya kemrut vrδeu effeyryadaeth: ac ef yn effeiriat
> caffael map: Ny δyly y map a gaffat kyn yr urdeuf keuran
> tir a map a gaffat wedy yr urdeu. Trydid yw mut can ny
> δyly tir ony attepo drostaw: ac ni roddir gwlad y vut.

Dan Gyfraith Hywel, pan fyddai dyn farw, rhennid ei dir
rhwng ei feibion i gyd, yn ôl system cyfran, o'i gyferbynnu
â'r drefn dan gyfraith Loegr lle'r âi'r ystad gyfan i'r mab
hynaf. Nodir yn y triawd uchod dair eithriad i reol cyfran:
tri achos lle na châi dyn etifeddu tir ar yr un telerau â'i
frawd naturiol. Y cyntaf yw 'mab llwyn a pherth', un a
genhedlwyd y tu allan i briodas, er i'w rieni briodi yn
ddiweddarach; y trydydd yw mud. Ail gymal y triawd yw'r
un arwyddocaol yng nghyd-destun y pamffledyn, gan ei fod
yn trafod achos mab a aned i glerigwr ('ysgolhaig') priod, ar
ôl i'r clerigwr hwnnw dderbyn urddau offeiriad.

Ar sail y ddau ddyfyniad hyn, fe ddadleuir yn y rhaglith:

> [. . .] y gellir dyall vod yr offeireit yr amser hynny yn
> priodi gwrageδ ac nad oeδ waherddedic wrth y
> dywededic gyfreith yr hon oeδ wedy i chonffyrmio ae
> derbin yn gymradwy yn δeδfol ac yn δivei trwy auturtot
> yr escop oeδ yr amser hynny yn Ruuein.

Ban wedy i dynny air

yngair allan· o hen gyfreith Howel ða / vap Cadell b꞉en
hin Kymbry / yngḥylch chwechant mlyneð aeth heibio
w꞉th y꞉ hwn ban y gellir deall bot y꞉ offeiriait y
p꞉yð hynny yn p꞉iodi gw꞉ageð yn dich꞊
with ac yn kyttal ac wynt
in gyfreith꞊
lawn.

A CERTAINE CASE EXTRACTE

out of the auncient Law of Hoel ða, kyng of Wales
in the yere of oure Lo꞉de, nyne hundꞏed and fourtene
paſſed : whereby it maye gathered that p꞉ie꞊
ſtes had lawfully maried wyues
at that tyme.

I Co꞉. vii.
It is better to mary, than to burne.
S. Ambꞏoſſe.
The conſent of the wyll, is thys burnyng.

---

12 Wynebddalen *Bann wedy i dynny.*

Yr oedd *Ban wedy i dynny* yn un o nifer o gyhoeddiadau a ddaeth o'r wasg mewn ymateb i ddeddf, a basiwyd ym mis Tachwedd 1548, yn cyfreithloni priodas offeiriaid yn Eglwys Loegr – un o blith cyfres o fesurau a fu'n fodd i sicrhau bod yr eglwys honno yn ymbellhau o ran arfer ac athrawiaeth oddi wrth Eglwys Rufain. Er bod diweirdeb yr offeiriadaeth yn un o argymhellion mwyaf pendant Eglwys Rufain, y mae'n glir na fu'n fwy na delfryd, mewn gwirionedd, trwy gydol yr Oesoedd Canol, ac yn enwedig yng Nghymru lle y bu offeiriaid priod yn gyffredin iawn hyd at wawr y Diwygiad Protestannaidd – sefyllfa a grisialwyd ym mherson neb llai na'r Esgob Richard Davies ei hun, ac yntau'n fab i offeiriad. Eto i gyd, ymddengys fod rhai o ddeiliaid yr Hen Ffydd yng Nghymru a Lloegr fel ei gilydd yn ystyried mai'r ddeddf a ganiatâi i offeiriaid briodi oedd un o'r agweddau mwyaf estron ar Brotestaniaeth i'w gorfodi arnynt hyd hynny, a bu llawer o ddadlau yn ei chylch. Ymddangosodd nifer o gyhoeddiadau ar y pwnc, rhai o blaid y ddeddf newydd, ac eraill yn ei herbyn. Nid *Ban wedy i dynny* oedd y cyhoeddiad cyntaf i gefnogi'r ddeddf. Er enghraifft, fe'i rhagflaenwyd yn Saesneg gan waith John Poynet, *A Defence for Mariage of Priestes, by Scripture and aunciente Wryters* (1549). Ond yn *Ban wedy i dynny*, deuir at y pwnc o safbwynt penodol Gymreig a thrwy hynny gyflwyno elfennau newydd i'r drafodaeth. Yn y llyfryn hwn manteisiodd Salesbury ar ddull a ffafriwyd gan bropagandwyr ar hyd yr oesoedd: apeliodd at ddudalennau hanes er cefnogi'r safbwynt yr oedd am ei hybu. Trwy honni bod cynsail i'r ddeddfwriaeth newydd mewn llyfr cyfraith canoloesol, llwyddodd i daro, ag un ergyd tra effeithiol, ddau wrthwynebiad a allai fod gan y Cymry i'r drefn newydd: ni allai priodas offeiriaid fod yn arfer estron (h.y. Seisnig), nac ychwaith yn drefn newydd, gan fod darpariaeth ar ei chyfer yng Nghyfraith Hywel, yr oedd ei chynnwys wedi ei gadarnhau gan y Pab ei hun yn Rhufain yn 914. Ac mewn nodyn ymyl-y-ddalen tra chyfrwys, cysylltodd

Salesbury y gorffennol brodorol hwnnw â'r presennol Protestannaidd trwy honni mai Hywel Dda 'ywr deunowuet hynaif ir b. Edward y chwechet', y brenin newydd yr oedd Protestaniaeth yn camu yn ei blaen o dan ei deyrnasiad.

Nid dyma'r lle i fanylu ar y brychau difrifol yn nadl Salesbury (na fuasai ef, y mae'n debyg, yn ymwybodol ohonynt) ond y mae'n werth rhoi sylw pellach i fater ei ffynhonnell. Y mae'n amlwg bod y fersiwn ar stori cynhadledd y Tŷ Gwyn a ddefnyddiwyd gan Salesbury yn *Ban wedy i dynny* yn dod o un o'r llyfrau cyfraith diweddar gan fod ynddi haenau o fanylion nad oes sôn amdanynt yn y fersiynau moelach ar yr hanes hwnnw sy'n nodweddu'r llawysgrifau cynharaf. Er enghraifft, nodir enwau'r 'pwyllgor dethol' o ddeuddeg a fu'n gyfrifol am lunio'r fersiwn terfynol ar y gyfraith, manylir ar y cwmni a aeth gyda Hywel i Rufain i ddangos y gyfraith i'r Pab, a dyfynnir cerdd Ladin o waith Blegywryd. O'r llyfrau cyfraith sydd wedi goroesi, dau yn unig sy'n cynnwys manylion o'r fath, sef *S* a *Z*, ac er nad oes modd dadlau bod y naill na'r llall o'r rhain yn ffynhonnell uniongyrchol y testun a gyhoeddwyd gan Salesbury yn ei bamffledyn, y mae'r cysylltiad posibl ag un ohonynt yn ogleisiol o ddiddorol. Copïwyd *Z*, y mwyaf cynhwysfawr o lawysgrifau dull Cyfn., yn yr unfed ganrif ar bymtheg gan gopïydd hysbys o ogledd-ddwyrain Cymru, sef Richard Langford, a'i gynorthwyydd, ac awgrymwyd eu bod ill dau wedi efelychu arddull a diwyg eu cynsail. Fel *Col.* a *Tim*, dwy lawysgrif a ddarllenwyd gan Salesbury ac yr ysgrifennodd ddangoseiriau ar ymylon eu dalennau, ceir dangoseiriau hefyd ar ymylon dalennau *Z*. Tybed onid oedd cynsail coll *Z* yn un arall o'r llawysgrifau cyfraith a ddefnyddiwyd gan Salesbury yn ei brosiect Protestannaidd, a hynny nid yn unig yn ffynhonnell geirfa a nodwyd ganddo ar ffurf dangoseiriau (a gopïwyd wedyn gan Langford, ynghyd â'r testun ei hun, i lawysgrif *Z*), ond hefyd y tro hwn yn adnodd propaganda uniongyrchol? Yr oedd Richard Langford, fel Salesbury, yn frodor o Ddyffryn Clwyd, ac yr oeddynt ill dau yn aelodau o glwstwr hynod o gopïwyr, beirdd, ysgolheigion a hynafiaethwyr a fu'n ddylanwadol o weithgar yn yr ardal honno yn yr unfed ganrif ar bymtheg.

Yr oedd cynnwys darnau o lyfr cyfraith yn un o'r llyfrau print cyntaf i'w gyhoeddi yn y Gymraeg yn dynodi cefndeuddwr yn hanes Cyfraith Hywel. Yr oedd ei *debút* teipograffyddol yn *Ban wedy i dynny*, y symud symbolaidd hwn o lawysgrif i ddalen brint, yn garreg filltir o'r arwyddocâd mwyaf yn natblygiad testunol y llyfrau cyfraith brodorol. Oherwydd, mewn ystyr real iawn, ni fyddai rhagor o 'lyfrau cyfraith diweddar', copïau organig a deinamig a wnaed i'w defnyddio a dyfynnu ohonynt gan wŷr cyfraith wrth eu gwaith mewn achosion cyfraith go-iawn. Disodlwyd testunau o'r math gan y copïau ffosil a wnaed o hyn allan gan Richard Langford a'i debyg ar gyfer hynafiaethwyr ac ysgolheigion yr oedd eu diddordeb yng Nghyfraith Hywel yn academaidd yn hytrach nag yn ymarferol. Ac y mae'n bur briodol bod tranc Cyfraith Hywel fel system cyfraith fyw yn cael ei nodi gan y defnydd ohoni fel cyfrwng propaganda, yn yr un ffordd ag y mae'r stori honno sy'n honni adrodd geni'r gyfraith yng nghynulliad y Tŷ Gwyn, hithau'n greadigaeth bropaganda oes flaenorol.

Llawysgrifau

  Bost. Boston, Llyfrgell Cymdeithas Hanes Mass. 5; canol y 14g
  Col.   LlGC Peniarth 30 (Llyfr Colan); canol y 13g
  J   Rhydychen, Coleg Iesu LVII; *c.* 1400
  L   Llundain, BL Cotton Titus D.ix; canol y 14g
  O   LlGC Peniarth 36A; dechrau'r 14g
  P   LlGC Peniarth 259A; ail hanner y 15g
  Q   LlGC Wynnstay 36; hanner cyntaf y 15g
  S   Llundain, BL Add. 22356; canol y 15g
  Tim   LlGC Llanstephan 116; canol y 15g
  Tr   Caergrawnt, Coleg y Drindod O.vii.1; dechrau'r 14g
  Є   LlGC Peniarth 258; ail hanner y 15g
  Z   LlGC Peniarth 259B; canol y 16g
  Lat. D Rhydychen, Llyfrgell Bodley, C.821; *c.* 1300

DARLLEN PELLACH

R. R. Davies, 'The Twilight of Welsh Law, 1284–1536', *History*, LI (1966).

J. Goronwy Edwards, *Hywel Dda and the Welsh Lawbooks* (Bangor, 1929); ailgyhoeddwyd yn Dafydd Jenkins (gol.), *Celtic Law Papers* (Bruxelles, 1973).

Dafydd Ifans, *William Salesbury and the Welsh Laws* (Aberystwyth, 1980).

Christine James, '*Ban wedy i dynny*: Medieval Welsh Law and Early Protestant Propaganda', *Cambrian Medieval Celtic Studies*, 27 (1994).

Dafydd Jenkins, *Cyfraith Hywel* (Llandysul, 1970).

Morfydd E. Owen, 'Y Cyfreithiau', yn Geraint Bowen (gol.), *Y Traddodiad Rhyddiaith yn yr Oesau Canol* (Llandysul, 1974).

T. Jones Pierce, *Medieval Welsh Society: Selected Essays*, gol. J. Beverley Smith (Caerdydd, 1972).

Huw Pryce, *Native Law and the Church in Medieval Wales* (Rhydychen, 1993).

J. Beverley Smith, '*Ynad Llys, Brawdwr Llys, Iudex Curie*', yn *The Welsh King and his Court*, goln. T. M. Charles-Edwards, Morfydd E. Owen a Paul Russell (Caerdydd, 2000).

Llinos Beverley Smith, ' "Cannwyll disbwyll a dosbarth"; Gwŷr Cyfraith Ceredigion yn yr Oesoedd Canol Diweddar', *Ceredigion*, X (1986).

TRADDODIAD Y STORI WERIN YNG NGHYMRU

Robin Gwyndaf

Yr oedd yr hen dŷ a'r beudy a'r ysgubor o dan yr un to, yn adeilad hir isel. Yr oedd côr y gwartheg yn nesaf i'r gegin, a dim ond pared ystyllod, a byddai sŵn y cornio a'r godro a'r pori yn amlwg yn y gegin. Rhiniog fawr dderw i gamu drosti ar waelod pob drws, o'r gegin i'r ysgubor. Y nos gaeaf byddai y wraig a'r forwyn yn nyddu wrth olau y gannwyll frwyn a gwas neu ddau yn gardio wrth y tân, a'r gŵr yn dweud streuon a chwedlau, a phawb yn llawen.

Disgrifiad Hugh Hughes o'i gartref,
Weniar, Llansanffraid Glynceiriog, *c.* 1800,
yn llawysgrif John Hughes, Dolhiryd,
Llangollen, ffatrïwr a hynafiaethydd.
(Llsgr. AWC 3021)

Nod yr ysgrif hon yw trafod natur traddodiad y stori werin yng Nghymru, cyfeirio'n fyr at rai o'r prif gofnodwyr, a chynnig rhai ystyriaethau sy'n egluro parhad y traddodiad. Afraid dweud y bu hwn yn draddodiad maith a chyfoethog iawn. Er na chafwyd yng Nghymru, ac eithrio o bosibl yn yr Oesoedd Canol, storïwyr proffesiynol a chanddynt stôr ddihysbydd o storïau maith byd hud a lledrith, fel mewn gwledydd megis Iwerddon, yr oedd gan y storïwr a'r bardd, o ddyddiau cynnar iawn, safle anrhydeddus yn y gymdeithas Gymreig. Y storïwr oedd yr un a roddai ffurf a phatrwm ar eiriau a brawddegau, yr un a chanddo ddawn dweud, iaith liwgar, dychymyg byw, a chof i'w ryfeddu. Ef oedd yr un a oedd yn gallu 'dal pen stori', neu 'ddal pen llinyn', sef y 'llinyn' a oedd yn cydio sgwrs wrth sgwrs, stori wrth stori, a'r gorffennol wrth y presennol.

Yr oedd hefyd yn hyddysg yn llên a llafar ei fro a'i genedl. Ef oedd y cyfarwydd – un o'r enwau mwyaf cyffredin ar y storïwr yn yr Oesoedd Canol – yr un a oedd yn gyfarwydd â mwynglawdd o storïau a chwedlau, hynafiaethau ac achau teuluoedd, daearyddiaeth a ffiniau tiroedd, meddyginiaethau gwerin a llên gwerin byd natur. Yr enw a roddid gynt ar ei gynhysgaeth oedd 'cyfarwyddyd'. Ei swyddogaeth, megis swyddogaeth y bardd, oedd cyfarwyddo: arwain ei bobl i weld a gwybod o'r newydd, a gwneud hynny'n ddifyr drwy ddiddanu ei gynulleidfa. Yn un o'r Trioedd Cerdd, yn fersiwn Llyfr Coch Hergest o'r dwned, gramadeg a briodolir i Einion Offeiriad (*fl.c.* 1330), ceir y geiriau a ganlyn: 'Tri pheth a beir y gerdawr [bardd] vot yn amyl [llewyrchus]: kyfarwydyt ystoryeau a bardoniaeth a hengerd.' O'r Lladin *historia* y tarddodd y gair Cymraeg 'ystorïau'. Ond rhoes y term *historia* inni hefyd y gair 'ystyr'. Y *fili* yw'r enw ar y bardd a'r proffwyd yn Iwerddon, a thybir bod y ffurf enidol *filed* yn tarddu o'r un bôn yn yr hen iaith Indo-Ewropeg â'r gair Cymraeg 'gweled'. Fel yr hen broffwydi gynt, yr oedd y cyfarwydd – a'r bardd yntau – yn lladmerydd ei bobl, yn arweinydd, yn weledydd, yn cynorthwyo ei wrandawyr i weld yr anweledig, i amgyffred y diamgyffred, ac i roi ystyr i'r diystyr.

Yn yr Oesoedd Canol yr oedd y ffin rhwng barddoniaeth a chwedloniaeth yn llawer llai pendant nag y mae heddiw. Ar lafar yn bennaf y cyflwynid barddoniaeth yn llys y tywysog a neuadd yr uchelwr gynt, ac yr oedd disgwyl, y mae'n sicr, i'r bardd a'r pencerdd yntau (megis y *fili* yn Iwerddon) adrodd storïau a chwedlau fel rhan o'i gynhysgaeth. Ym Mhedwaredd Gainc y Mabinogi, yn 'rhith beirdd' y teithiodd Gwydion a'i gwmni i lys Pryderi yn Rhuddlan Teifi, Ceredigion. Ac meddai awdur y Pedair Cainc: 'Yntau Wydion gorau cyfarwydd yn y byd oedd. A'r nos honno diddanu y llys a wnaeth ar ymddiddanion digrif [dymunol] a chyfarwyddyd, onid oedd hoff gan bawb o'r llys ac yn ddiddan [ddifyr] gan Bryderi ymddiddan ag ef.'

Y mae'r defnydd o'r gair 'ymddiddan' yn y dyfyniad uchod yn ddrych i natur y traddodiad o adrodd storïau yng Nghymru o'r Oesoedd Canol hyd heddiw. Rhoddid pwys neilltuol ar arddull sgyrsiol, anffurfiol. Byddai'r storïwr yn ymddiddan â'i gynulleidfa. Gweithgarwch gweithredol, nid goddefol, yw dweud stori; gweithgarwch deuffrwd, ac y mae ymateb y gwrandäwr yn hollbwysig. Ond yr oedd y sgwrsio hwn hefyd yn rhan o'r stori: ceid dau neu ragor o'r cymeriadau yn ymddiddan â'i gilydd mewn deialog. Fel y dywedodd yr Athro Seámus Ó Duilearga yn ei ddarlith enwog, *The Gaelic Story-Teller*: 'Yn anaml y bydd storïwr da yn crwydro mhell o *oratio recta*.' Yn yr Oesoedd Canol, felly, datblygodd y gair 'ymddiddan' yn gyfystyr ag adrodd stori a diddanu. Yn wir, dyna oedd yr ystyr wreiddiol (ymddiddan: ym + diddan). Yn y diddanwch hwn yr oedd hefyd gysur, fel y'n hatgoffir gan y geiriau Llydaweg *didanhaot* (cysuro) a'r Hen Wyddeleg *dodonaimm* (cysuraf).

Gair arall sy'n ein hatgoffa o'r ddolen gyswllt amlwg rhwng

naratif a siarad neu sgwrsio naturiol yw 'chwedl'. Megis y geiriau cyfatebol *scéal* (Gwyddeleg) a *wethl* (Cernyweg), y mae'n tarddu o ffurf yn yr hen iaith Indo-Ewropeg, *sequ*, a'i ystyr yw 'llefaru', 'datgan'. Yr un ystyr sydd i'r term Lladin *sequor* a'r geiriau Almaeneg a Sgandinafaidd *sagen, sagn*. Yn wir, *sagen* yw'r term cydwladol cydnabyddedig a ddefnyddir am y chwedl leol. Mewn rhai rhannau o dde Cymru parheir i ddweud 'wilia' (o'r gair 'chwedleua') i olygu 'siarad'. Mewn rhannau eraill o'r wlad fe glywir yr ymadrodd 'chwedl hwn a hwn/hon a hon' i olygu 'meddai/yn ôl hwn a hwn/hon a hon'. Cofier hefyd fod y gair 'chwedl' yn yr Oesoedd Canol yn gallu golygu 'newyddion'. 'Arglwydd, y mae gennym ni chwedlau [newyddion] rhyfedd', meddai meichiaid Matholwch, brenin Iwerddon, yn Ail Gainc y Mabinogi, wrth weld Bendigeidfran a'i wŷr yn cerdded megis coedwig fawr drwy ganol y môr i achub cam Branwen.

Yn Gymraeg defnyddir y geiriau 'stori' a 'chwedl' ar adegau yn yr un frawddeg, fel pe na bai ganddynt yr un ystyr. Ceir enghraifft o hyn gan Hugh Hughes wrth iddo ddisgrifio'r arfer o adrodd storïau yn ei hen gartref, Weniar, Llansanffraid Glynceiriog, tua diwedd y ddeunawfed ganrif:

> Yr oedd yr hen dŷ a'r beudy a'r ysgubor o dan yr un to, yn adeilad hir isel. Yr oedd côr y gwartheg yn nesaf i'r gegin, a dim ond pared ystyllod, a byddai sŵn y cornio a'r godro a'r pori yn amlwg yn y gegin. Rhiniog fawr dderw i gamu drosti ar waelod pob drws, o'r gegin i'r ysgubor. Y nos gaeaf byddai y wraig a'r forwyn yn nyddu wrth olau y gannwyll frwyn a gwas neu ddau yn gardio wrth y tân, a'r gŵr yn dweud streuon a chwedlau, a phawb yn llawen.

Er bod y term 'chwedlau gwerin' wedi ei ddefnyddio'n gyson i gyfeirio, er enghraifft, at ein storïau cynnar hud a lledrith, megis Y Mabinogi, y mae'r term 'storïau' neu 'straeon gwerin' yn fwy cynhwysfawr i ddisgrifio'r maes yn ei gyfanrwydd. Gellir defnyddio'r term 'stori werin', felly, i gyfateb i *folk narrative* a *folk tale* y Saeson, a'r termau 'chwedl' a 'chwedl leol' i gyfateb i *legend* a *local legend (sagen)*. Ond beth yw'r gwahaniaeth? Er cydnabod y perygl amlwg o orgyffredinoli, gellir dweud bod i stori yn aml elfennau ffantasïol a ffrwyth y dychymyg. 'Stori ddigri', meddir, nid 'chwedl ddigri'. Nid ydyw, o angenrheidrwydd, yn wir. Mewn chwedl, fodd bynnag, ceir elfen o wirionedd, neu o leiaf wirionedd honedig. 'Chwedlau'r saint', meddir, nid 'storïau'r saint'. Dyna paham hefyd y cyfeirir at yr holl ddeunydd llafar sy'n adlewyrchu cred pobl yn y goruwchnaturiol fel 'chwedlau' yn hytrach na 'storïau'.

Nid cynnyrch y dychymyg yw'r chwedlau hyn am y goruwchnaturiol, o leiaf yn y bôn. Y maent yn seiliedig, yn hytrach, ar hen goelion gwerin a berchid yn fawr gan ein hynafiaid gynt. Dyna, er enghraifft, y gred ei bod yn bwysig bedyddio baban mor fuan ag yr oedd modd rhag iddo gael ei felltithio a'i niweidio gan yr ysbrydion drwg a grymoedd y fall, neu rhag i'r Tylwyth Teg ei gyfnewid am hen ewach neu grafaglach bach piwis o'u heiddo. Pe bai eu plentyn yn anarferol o eiddil ac anniddig, byddai hynny'n ddigon i beri i rai rhieni ofni, neu o leiaf led ofni, nad eu plentyn hwy ydoedd, ond yn hytrach grimbil gwan o hil y Tylwyth Teg.

Defnyddir y term *memorat* i ddisgrifio profiad goruwchnaturiol o'r fath, ac y mae'n derm addas oherwydd fod cof gwerin yn chwarae rhan allweddol yn y proses creadigol o adrodd ac ailadrodd y profiad ar lafar o genhedlaeth i genhedlaeth. Y mae pobl yn dal i gofio am ryw brofiad rhyfeddol a ddaeth i ran rhieni mewn ardal arbennig, boed wir neu beidio. Ymhen blynyddoedd, wrth barhau i adrodd yr hanes ar lafar, bydd rhai manylion, o bosibl, yn cael eu hanghofio, neu eu hepgor yn fwriadol am y tybir nad ydynt o bwys, ac y mae'r 'profiad gwir' yn prysur ddatblygu yn draddodiad ac yn chwedl. Rhoddir pwys o hyd, serch hynny, ar yr elfen leol, a dyna paham y cyfeirir at y chwedlau sy'n adlewyrchu'r gred yn y goruwchnaturiol fel 'chwedlau lleol'. Er bod iddynt fersiynau cyffelyb mewn ardaloedd a gwledydd eraill, y mae'r elfen leol yn amlwg o hyd. Fel arfer, lleolir y digwyddiad. Ni chyfeirir at enw personau o angenrheidrwydd, ond yn ddieithriad braidd nodir enw'r ardal, ac weithiau'r cartref. Mewn stori, fodd bynnag, gall honno fod wedi ei lleoli mewn unrhyw fan. Y mae'r cymeriadau hefyd, gan amlaf, yn gymeriadau cynrychioliadol – cymeriadau teip, neu stoc. Ac eto, rhaid nodi yn y fan hon un datblygiad pwysig arall, sef y gall profiad, hanesyn, neu draddodiad gael ei adrodd fel chwedl leol mewn un oes, neu gan un person, ond mewn oes ddiweddarach, neu gan berson arall, gall yr un chwedl honno gael ei chyflwyno fel stori. Nid oes fawr neb bellach yn credu yn y Tylwyth Teg, er enghraifft, beth bynnag am ysbrydion a'r Diafol. Rhoddir llai o bwys, felly, ar wirionedd y chwedl, ac fe'i hadroddir yn bennaf fel stori er mwyn difyrrwch. O'r herwydd, nid yw lleoliad pendant na manylion am enwau priod ac yn y blaen mor hanfodol. Ychwanegir hefyd elfennau ffantasïol o fyd dychymyg y storïwr ei hun. Dyna paham y geilw ysgolheigion chwedlau neu storïau o'r fath yn *fabulat* (yn Saesneg: *fabulate*; cymharer *fabulous*). Y mae dweud hyn oll yn ein hatgoffa yn fyw iawn mor annelwig yn aml yw'r ffin rhwng term a therm. Y mae'n gymorth hefyd i ddeall sut y mae chwedlau a storïau yn cael eu creu o'r newydd ac fel y maent yn newid ac yn datblygu o genhedlaeth i genhedlaeth.

Defnyddir y term 'stori werin', felly, mewn ystyr lled eang i gynnwys sawl ffurf, yn fwyaf arbennig: stori, chwedl, chwedl leol (*sagen*), myth, anecdôt, hanesyn, traddodiad, a phrofiad (*memorat*). Storïau mewn rhyddiaith yw mwyafrif y ffurfiau, ond yn rhan o faes y stori werin hefyd ceir amryw ffurfiau mydryddol, megis baledi, cerddi llafar gwlad (er enghraifft, cerddi troeon trwstan), caneuon gwerin, hen benillion a rhigymau. Yr hyn sy'n gyffredin i'r holl ffurfiau,

13 'Y Gŵr Du', yn 'Chwedl Iarlles y Ffynnon', yn y Mabinogion
(Darlun gan Margaret D. Jones).

boed mewn rhyddiaith neu fydr, yw bod yr elfen naratif yn
ganolog iddynt.

Meddai Gerallt Lloyd Owen yn ei awdl 'Yr Afon':

> Pan feddwn dalent plentyn
> I weld llais a chlywed llun . . .

Talent felly yw talent pob storïwr o'r iawn ryw. Crefft lafar
yn ei hanfod yw'r ddawn i ddweud stori. Rhaid i'r storïwr
allu adeiladu pontydd a chyfathrebu â'i gynulleidfa ar y
gwrandawiad cyntaf. Nid oes ail gyfle. Y mae'r pwyslais felly
ar batrwm, ffurf ac adeiladwaith ystyrlon; ar fynegiant byw
ac arddull ddealladwy, gydag amlder o frawddegau syml (yn
ystyr ramadegol y gair), ond sy'n llawn amrywiaeth, a
defnydd helaeth o'r cysylltair a/ac. Arddull ydyw sy'n ein
hatgoffa o ystyr wreiddiol y gair Lladin *prosa* (Saesneg
'prose'), a'r ansoddair *prorsus* a ddefnyddir i ddisgrifio naratif
neu osodiad uniongyrchol. Gwneir defnydd cynnil, bwriadus,
o ailadrodd, o ymddiddan neu sgwrsio, ac o adferfau amser,
lle a modd (dull), er enghraifft: yna/wedyn/dyma; a'r adeg
hynny; ar ôl hynny; ac ar hynny; nawr/rŵan; eto; ar unwaith;
yma; beth/fodd bynnag; felly; oherwydd. Yr un modd, fel yr
oedd yn arfer gan rai o'r hen bregethwyr dawnus gynt, bydd y
storïwr da yn gwneud y defnydd gorau posibl o bob techneg
lefaru a chyfathrebu sy'n wybyddus iddo, megis amrywio'r
amseriad a'r seibiau i bwrpas, y goslefu a thraw a thôn y
llais, yn ogystal â defnyddio'i lygad ac ystum corff. Y nod yw
tynnu darlun; creu drama; creu ym meddyliau'r gwrandawyr
luniau diriaethol o syniadau haniaethol; peri i'r gynulleidfa
glywed y cymeriadau yn llefaru a'u gweld yn gweithredu.

Ac wedi'r gweld, cofio. Dyna ddyhead pobl ym mhob oes,
ond mewn cyfnodau pan oedd trwch y boblogaeth yn
anllythrennog ni ellir gorbwysleisio awydd y gwrandawyr i
gofio storïau. Gallent hwythau wedyn eu hailadrodd, er
pleser iddynt hwy eu hunain ac i eraill, a hynny yng
ngeiriau un croniclydd cynnar anhysbys a ysgrifennai mewn

Lladin: *iocunde et memoriter*: 'gyda boddhad ac ar y cof'. Cyn y gellid sicrhau bod y gwrandawyr yn cofio'r storïau, fodd bynnag, yr oedd yn rhaid i'r storïwr ei hun fod wedi meithrin ei gof. Dyma a ddywedir yn un o'r Trioedd a gofnodwyd yn *Pum Llyfr Kerddwriaeth* yn yr unfed ganrif ar bymtheg: 'Tri pheth a berthyn ar ŵr wrth gerdd davawd: kerdd a chof a chyfarwyddyd.' Yr oedd i *Ars memoria* le pwysig yn niwylliant yr Oesoedd Canol, yn enwedig wrth ddysgu rhethreg. Ysgrifennwyd traethodau i ddatblygu'r gelfyddyd o ddysgu ar y cof, ac yr oeddynt yn gyfarwydd i glerigwyr, beirdd a storïwyr. Parhaodd y pwyslais ar feithrin y cof, er i raddau llai, hyd ein dyddiau ni.

Yr enw Swedeg ar lên gwerin yw *folkminne*, ac ystyr y gair yn llythrennol yw 'cof gwerin'. Yng Nghymru, fel yn Sweden a sawl gwlad arall, rhoddwyd bri arbennig ar ddysgu a chofio storïau a thraddodiadau'r 'hen bobl', nid yn unig er mwyn eu hailadrodd ar gyfer diddanu ac addysgu eraill, ond hefyd er mwyn eu trosglwyddo i'r 'to sy'n codi'. Cedwid y cof am y gorffennol yn fyw oherwydd fod yn y gorffennol hwnnw – yr oes aur honedig – ryw bethau gwerth cofio amdanynt. Y mae amryw o'r storïau sy'n fyw yn y traddodiad llafar heddiw yn hen rai. Dyna, er enghraifft, y storïau a'r damhegion ar batrwm Chwedlau Aesop (caethwas cefngrwm o Phrygia a oedd yn byw yn y chweched ganrif Cyn Crist. Yn y fersiwn Cymraeg cysylltir y chwedl onomastig adnabyddus am y ci Gelert â'r Tywysog Llywelyn ab Iorwerth, 'Llywelyn Fawr' (1173–1240) ac â phentref Beddgelert. Tybir, fodd bynnag, i'r chwedl wreiddiol darddu o'r Dwyrain, ganrifoedd cyn cyfnod Llywelyn Fawr, a cheir fersiwn ohoni yn yr iaith Sansgrit. Yr un modd, er mai yn y bedwaredd ganrif ar bymtheg y cofnodwyd am y tro cyntaf, hyd y gwyddys, y chwedl boblogaidd am Lyn y Fan Fach a Meddygon Myddfai, y mae'r chwedl ei hun yn seiliedig ar hen fotîff 'merch o'r llyn – o'r byd arall – yn priodi person o'r byd hwn'. Y mae'r chwedl, o bosibl, yn awgrymu cyfnod cynnar pan oedd y dyn cyntefig yn trigo mewn cranogydd ar lynnoedd. Seiliwyd llawer o chwedlau gwerin cynnar eraill, megis rhai o storïau'r Mabinogi, ar hen fythau a thraddodiadau sy'n gysylltiedig â duwiau, duwiesau ac arwyr cyn-Gristnogol.

Ar un adeg credid bod llawer o straeon gwerin yn adlewyrchu chwedloniaeth neu fytholeg gynnar ddirywiedig. Damcaniaeth arall a gynigid oedd fod llawer o'r storïau wedi tarddu o un rhan o'r byd, yn enwedig India. Bellach, y gred gyffredin yw fod pob stori wedi ei chreu rywdro, rywle, gan bersonau unigol, mwy neu lai yn annibynnol ar ei gilydd. Bob dydd bydd cannoedd o storïau yn cael eu creu, ac eto, yn hwyr neu'n hwyrach, yn darfod amdanynt. Y mae hyn yn union fel taflu carreg i lyn a'r cylchoedd dŵr yn ymledu tuag allan nes cyrraedd y lan ac yna ddiflannu. Bydd cannoedd eraill, fodd bynnag, wedi'r creu cychwynnol, yn cael eu hail-greu o'r newydd oherwydd eu bod yn magu adenydd ac yn cael eu trosglwyddo o berson i berson, o ardal i ardal, ac o wlad i wlad.

Yn yr Oesoedd Canol, ac wedi hynny, daeth llawer o storïau i Gymru o Loegr, ond daeth amryw hefyd yn uniongyrchol o'r Cyfandir. Daeth rhai ohonynt drwy ffynonellau llawysgrifol a phrintiedig, megis y *Gesta Romanorum*, casgliad cynhwysfawr o storïau cynnar ac elfen foesol amlwg ynddynt – storïau a oedd yn boblogaidd iawn yn Ewrop yn yr Oesoedd Canol ac wedi hynny. Daeth llawer o storïau ar lafar i Gymru yn y cyfnod cynnar drwy gyfrwng morwyr, mynachod a Milwyr y Groes neu'r Croesgadwyr. Gwyddys hefyd am y cysylltiad agos a fodolai rhwng Cymru ac Iwerddon. Heddiw yn oes yr awyren a'r bri ar deithio, daw mwy a mwy o storïau i Gymru o wledydd tramor, yn enwedig o America. Clywir yng Nghymru, fel mewn gwledydd eraill, storïau cyfoes y cyfeirir atynt (yn gamarweiniol braidd) fel *urban legends*. Y mae astudiaeth fanwl o forffoleg rhai o'r storïau a gofnodwyd yn y traddodiad Cymraeg yn adlewyrchu'r cyswllt annatod a fu

(ac sy'n parhau) rhwng Cymru a rhannau eraill o'r byd.
Atgoffir ni o bedwar prif ddatblygiad yn hanes ein gwlad:
Cymru yn rhan annatod unwaith o gyfandiroedd
Ewrop–Asia; Cymru yn rhan o'r gwledydd Celtaidd; Cymru
yn rhan o Brydain; a Chymru yn uned, fwy neu lai
annibynnol, gyda'i hiaith a'i diwylliant ei hun.

Ond er bod llawer o storïau gwerin Cymru yn ddim
namyn fersiynau Cymraeg o storïau cydwladol, rhaid
ychwanegu nad ydynt fymryn llai eu gwerth oherwydd
hynny. Y mae iddynt liw a blas Cymreig. Yr un yw'r
brif thema, efallai, ond nid yr un yw'r cymeriadau, o
angenrheidrwydd, a rhoddir iddynt fel arfer enwau Cymraeg.
Lleolir y storïau hwythau ar ddaear Cymru yn amlach na
pheidio, ac y mae llawer o'r cynnwys yn amrywio o stori i
stori. Felly hefyd gyda storïau a chwedlau mwy lleol eu
natur y ceir fersiynau lawer arnynt yn amrywio o ardal i
ardal. Yr amrywiaeth eang hwn yw un o brif nodweddion y
stori werin, ac o fewn fframwaith y fath amrywiaeth ceir
unoliaeth yr un mor rhyfeddol o themâu sy'n fynegiant i
ddyheadau a theimladau dwysaf y galon ddynol ym mhob
oes; i ymddygiad dyn at ddyn ble bynnag y mae'n byw; a'i
ymateb hefyd i'r byd o'i gwmpas, yr hyn a elwir gan
ysgolheigion yn 'fydolwg'.

Trown yn awr at y prif fathau o storïau gwerin sy'n
gyfarwydd inni yn y traddodiad Cymreig. Yn gyntaf, fodd
bynnag, y mae angen pwysleisio eto mai ymarferiad digon
di-fudd a bron yn amhosibl yw ceisio dosrannu storïau
gwerin (mwy nag unrhyw gangen arall o lên gwerin) yn rhy
ffurfiol a therfynol i gategorïau manwl. Ni ellir gosod y
meddwl dynol mewn blwch a'i labelu. Y mae'n llawer rhy
greadigol i wneud dim o'r fath. Y mae fel arian byw. Nid
mewn categoreiddio a dadansoddi ei ddeunydd y mae gwir
ddiddordeb y storïwr, ond mewn cyfathrebu, perfformio,
cyflwyno ei stori mor ddiddorol ac mor gofiadwy ag sy'n
bosibl. Er hwylustod yn unig, felly, ac fel canllaw i geisio

deall yn well yr amrywiaeth dihysbydd o storïau, y rhoddir cynnig o gwbl ar eu dosbarthu. A chyffredinoli yn ddirfawr, gellid dweud bod corff helaeth o'r storïau yn perthyn i bedair prif ffrwd: hud a lledrith; cred yn y goruwchnaturiol; digrifwch; a hanes a thraddodiad. Ond er mwyn manylu ymhellach, gellir awgrymu'r naw prif ddosbarth a ganlyn, gan gofio, wrth gwrs, eu bod yn gorgyffwrdd â'i gilydd yn gyson.

14 Y naturiaethwr Richard Morgan, Tal-y-bont, wrth Fedd Taliesin, Tre Taliesin, Ceredigion.

Ceir yn gyntaf storïau am anifeiliaid a damhegion, storïau
y mae'r elfen foesol ac addysgol yn amlwg ynddynt. Yn ail,
ceir storïau byd hud a lledrith, megis storïau'r Mabinogion;
storïau'r Sipsiwn Cymreig, y Woodiaid, a gofnodwyd gan
John Sampson; 'Stori'r Felin Hud' sy'n dal i falu halen ar
waelod y môr; 'Stori'r Fodrwy Swyn'; 'Cadwaladr a'i Afr';
'Stori'r Fraich Aur'; a storïau ar thema 'treigl rhyfeddol
amser', megis 'Y Mynach a'r Aderyn', yn cynnwys dau
fersiwn mydryddol: 'Carol yr Hen ŵr o'r Coed', gan Wiliam
Pyrs Dafydd (*fl.c.* 1600), a 'Cherdd yr Hen Ŵr o'r Coed', gan
Elis Roberts, sy'n cynnwys y pennill cyfarwydd:

> Doede hen ŵr llwyd o gornel:
> 'Gan fy nhad mi glywes chwedel,
> A chan ei daid y clywse ynte,
> Ac ar ei ôl mi gofies inne . . .'

Yn drydydd, ceir storïau rhamant ac antur, megis storïau ar
thema y brawd diniwed neu ddi-ddysg sy'n gorchfygu ei
frodyr (e.e. 'Stori Nopyn', 'Stori Twm a Dai a'r Tri Llo
Coch', a fersiynau Cymraeg ar stori fyd-eang boblogaidd 'Y
Brenin a'r Abad', sef stori a adroddir yn Lloegr ar ffurf baled,
'King John and the Abbot of Canterbury'); stori a baled 'Y
Blotyn Du'; stori i egluro'r ddihareb 'Esmwyth cwsg potes
maip/cawl erfin'; storïau am delynorion yn dychwelyd o'u
crwydriadau ymhen blynyddoedd (e.e. Einion ap Gwalchmai
o Drefeilir ym Môn); a nifer o storïau serch, megis 'Stori
Rhys a Meinir', Nant Gwrtheyrn, 'Stori Elen Cae'r Melwr,
Llanrwst, a Jac y Gwas', a 'Dychymyg Merch Caer-gai',
Llanuwchllyn: un o Lwydiaid Rhiwaedog yn gofyn ar ffurf
pos i'r ferch ddod allan gydag ef a hithau'n ateb:

> Pan elo'r teulu i gyd i gysgu
> A throi y coed a'u gwraidd i fyny,
> A thynnu'r marw dros y byw,
> Mi ddof bryd hynny os mynno Duw.

Ystyr yr ail linell yw troi'r llestri pren wyneb i waered dros nos cyn eu cadw. Ystyr y drydedd linell yw enhuddo'r tân, tynnu'r lludw marw dros y cols poeth i gadw'r tân ynghynn drwy'r nos.

Yn bedwerydd, ceir storïau patrymog. Storïau cynyddol yw'r mwyafrif o'r rhain gyda'r pwyslais ar ailadrodd bwriadus a chyflawni o leiaf dair camp wrth eu cyflwyno ar lafar: camp cof, camp tafod, camp anadl. Dyma rai enghreifftiau: brenin yn cynnig ei ferch i'r llanc a allai adrodd stori a fyddai'n para am byth; 'Stori'r Frân Fawr a'r Frân Fach aeth i'r Coed i Gneua'; 'Stori'r Hen Wraig a'i Mochyn', neu 'Stori'r Hen Wraig Fach a'i Hoen'. Perthyn y storïau, sy'n boblogaidd iawn ymhlith plant ac oedolion, yn agos i glymau tafod ac i ganeuon gwerin megis 'Y Deuddeg Dydd o'r Gwyliau', 'Y Pren ar y Bryn', a 'Chyfri'r Geifr'. Yn bumed, ceir storïau digrif. Cynnwys y dosbarth niferus hwn storïau cydwladol; storïau sy'n gyffredinol wybyddus drwy Gymru am gymeriadau cynrychioliadol, gan amlaf; a storïau mwy lleol am gymeriadau bro, megis y cymeriadau lliwgar hynny a oedd yn meddu ar ddawn ddihafal a dychymyg rhyfeddol i adrodd celwyddau golau. Perthyn i'r dosbarth hwn hefyd y mae'r enghreifftiau helaeth o ffraethineb, o dynnu coes ac ymryson. Yn chweched, ceir chwedlau, traddodiadau, hanesion a phrofiadau lleol sy'n adlewyrchu cred pobl ar hyd yr oesoedd yn y goruwchnaturiol: bodau arallfydol megis y Tylwyth Teg, ysbrydion, y Diafol a chewri; anifeiliaid chwedlonol, megis y ci du, neu 'Gi Annwfn', dreigiau a'r ddau Ychen Bannog cyntefig; gwrachod a dynion hysbys, neu 'gonsherwyr'; profiadau a hanesion am ragarwyddion marwolaeth, megis toili, cannwyll gorff ac aderyn corff; a digwyddiadau hynod, megis sŵn canu yn yr awyr adeg diwygiad a 'Golau Egryn'.

Yn y seithfed dosbarth ceir chwedlau, traddodiadau a hanesion am bersonau hanesyddol, neu led-hanesyddol: arwyr yr oesoedd cynnar, beirdd a seintiau, megis Arthur, Taliesin,

Myrddin a Dewi; tywysogion ac arweinwyr cenedlaethol, megis Gwenllïan, Ifor Bach, Llywelyn ein Llyw Olaf, Owain Lawgoch, ac Owain Glyndŵr; merched hynod, megis Catrin o Ferain, Marged ach Ifan, a'r ferch o Gefn Ydfa; môr-ladron ac ysmyglwyr; gwŷr enwog am eu cryfder a mabolgampwyr, megis Guto Nyth Brân; pregethwyr a phersoniaid hynod, megis Edmund Jones, 'Yr Hen Broffwyd', ac Edward Matthews, Ewenni; telynorion megis Dafydd y Garreg Wen; sipsiwn, yn enwedig 'Teulu Abram Wood', ac amryw bersonau hynod eraill, megis Twm Siôn Cati, Twm o'r Nant, Dic Aberdaron a Choch Bach Y Bala. Yn wythfed, ceir chwedlau, traddodiadau a hanesion am ddigwyddiadau, cenedlaethol a lleol, megis brwydrau a llongddryliadau; Gwylliaid Cochion Mawddwy; Glaniad y Ffrancod yn Abergwaun; Helynt Beca; a Rhyfel y Degwm. Ac yn olaf, ceir chwedlau, traddodiadau a hanesion am enwau lleoedd a nodweddion ffisegol, megis caeau, mynyddoedd, cerrig, carneddau, ogofeydd, afonydd, pontydd, llynnoedd, arfordiroedd, a ffynhonnau. Traddodiadau onomastig yw llawer o gynnwys y dosbarth niferus hwn o chwedlau. Y maent yn ddrych o ymateb pobl i'w hamgylchfyd, i'w hawydd chwilfrydig i egluro, ac i wybod yr anwybod. Y maent hefyd, fel y deunydd yn nosbarthiadau 6–8, yn adlewyrchu'r ffin denau sy'n bodoli rhwng hanes a thraddodiad ym maes llên gwerin.

Er mai deunydd llafar yn ei hanfod yw storïau gwerin, nid yw'n syndod i sawl person o ganrif i ganrif weld gwerth yn y traddodiad diwylliannol cyfoethog hwn a'i gofnodi mewn llawysgrif a llyfr, ac yna, yn ein hoes ni, ar dâp a ffilm. Un o'r cofnodwyr cynharaf oedd awdur y gwaith Lladin pwysig, *Historia Brittonum* (*c.* 830), a briodolid ar un adeg i Nennius. Dyma'r unig lyfr i gyflwyno 'hanes' Cymru rhwng Gildas yn y chweched ganrif a Sieffre o Fynwy yn y ddeuddegfed. Y mae'n cynnwys, er enghraifft, y cyfeiriad cynharaf at Arthur ac at y beirdd Aneirin a Thaliesin. Er i'r awdur ddefnyddio adroddiadau ysgrifenedig a dogfennau (*annales*) i gyflwyno hanes y Gwyddelod a'r Saeson, gwnaeth ddefnydd helaeth o ddraddodiadau llafar (*traditione*) i ddisgrifio ei genedl ei hun. Y mae'r hyn a elwir ganddo yn 'hanes' hefyd yn frith o ddigwyddiadau gwyrthiol a rhyfeddol, megis yr adran ar 'Rhyfeddodau Ynys Prydain ac Ynys Môn' (*Mirabilia*) yn cyfeirio at nodweddion ffisegol, megis llynnoedd, ffynhonnau, carneddau a cherrig.

Y mae *Historia Brittonum* yn ddrych i chwedlau a thraddodiadau aneirif a aeth bellach yn angof. Y mae hyn yn wir hefyd am y cyfeiriadau cynnil mewn nifer o gyfansoddiadau rhyddiaith a barddoniaeth a berthyn i'r unfed ganrif ar ddeg, y ddeuddegfed ganrif a'r drydedd ganrif ar ddeg, megis y rhestr faith o gynorthwywyr y Brenin Arthur yn chwedl Culhwch ac Olwen, a'r cyfeiriadau at arwyr cynnar, traddodiadau a chwedlau a nodir yn gryno yn Englynion y Beddau a'r Trioedd. Y mae storïau'r Mabinogion hwythau, megis Chwedl Taliesin, yn drysorfa unigryw. Seiliwyd y Mabinogion ar wythïen gyfoethog ryfeddol o chwedlau, mythau, traddodiadau, hanesion, coelion, defodau ac arferion a oedd ar gof yr 'awduron', a hwythau yn gwau'r cyfan ynghyd yn un cwrlid patrymog, gan adlewyrchu dawn y cyfarwydd ar ei orau.

Y mae'r Mabinogion yn ein hatgoffa o ddadeni llenyddol a diwylliannol y ddeuddegfed ganrif yng ngorllewin Ewrop. Felly hefyd gerddi ysblennydd Beirdd y Tywysogion, y Gogynfeirdd, ac amrywiaeth o weithiau rhyddiaith, mewn Lladin a Chymraeg. Gwnaed defnydd helaeth yn y gweithiau rhyddiaith hyn o ddraddodiadau llafar Cymreig, yn storïau, chwedlau, mythau, hanesion a damhegion. Gellir nodi, er enghraifft, Fucheddau'r Saint; cyfrol Gwallter Map, *De Nugis Curialium* ('Ofer Chwedlau Gwŷr Llys', *c.* 1180-93), a dwy gyfrol boblogaidd Giraldus Cambrensis, Gerallt Gymro: *Itinerarium Kambriae* ('Y Daith Drwy Gymru', 1191), a *Descriptio Kambriae* ('Disgrifiad o Gymru', 1193). Gerallt Gymro, er enghraifft, sy'n adrodd y stori am Adar

Llyn Syfaddan ac am y bachgen Elidyr (y Tad Eliodorus wedi hynny) yn cael ei ddenu i wlad y 'dyneddon', neu'r Tylwyth Teg. Ym 1139 ymddangosodd cyfrol ddylanwadol Sieffre o Fynwy, *Historia Regum Brittaniae*, a gyfieithwyd i'r Gymraeg droeon wedi hynny (*Brut y Brenhinedd*). Yr oedd Sieffre yn hanesydd lliwgar iawn ac yn storïwr a'i ddychymyg yn drên. Er ei fod, er enghraifft, yn portreadu Arthur o fewn fframwaith hanesyddol fel brenin arwrol ac amddiffynnydd ei bobl yn hanner cyntaf y chweched ganrif, priodolir iddo alluoedd rhyfeddol, goruwchnaturiol. Ffynhonnell werthfawr o ddefnyddiau naratif yn perthyn i tua chanol y drydedd ganrif ar ddeg yw *Llyfr Du Caerfyrddin.* Y mae'n cynnwys barddoniaeth a briodolir i Fyrddin, ynghyd â'r chwedl amdano, wedi ei seilio ar thema gydwladol 'y gŵr gwyllt o'r coed'.

O'r bedwaredd ganrif ar ddeg hyd yr unfed ganrif ar bymtheg ceir digon o gyfeiriadau hwnt ac yma ym marddoniaeth Beirdd yr Uchelwyr i brofi eu bod hwythau, fel Beirdd y Tywysogion cyn hynny, yn gyfarwydd â thraddodiadau a chwedlau eu gwlad. Cyfeiria Guto'r Glyn ato'i hun yn ei gywydd 'Gofyn Ffaling' (mantell) fel 'ysdoriwr'. Yn ei gywydd 'Estyn Einioes' cyfeiria Gruffudd Llwyd at fersiwn o 'Chwedl yr Anifeiliaid Hynaf' (stori y ceir fersiwn ohoni hefyd yn Culhwch ac Olwen). Y mae Siôn Cent yntau yn cyfeirio at y stori hon.

Yn yr un modd, cofnodwyd storïau a thraddodiadau gwerin gan rai o awduron ac ysgolheigion y Dadeni Dysg yng Nghymru. Yn ei *Gronicl* helaeth (2500 ffolio) ceir gan Elis Gruffydd, 'Y Milwr o Galais' (*c.* 1490 – *c.* 1552), er enghraifft, gofnod diddorol a chynnar o'r chwedl am Ogof Arthur; cofnod yr un mor werthfawr o'r stori am Lywelyn ab Iorwerth a'r dewin, Cynwrig Goch o Drefriw; a chofnod o'r stori am ddyn y dywedwyd wrtho y byddai'n rhaid iddo wynebu 'marwolaeth driphlyg' – ac felly y bu. Mewn traethawd cynhwysfawr sy'n amddiffyn traddodiadau brodorol Cymru, cyfeiriodd Siôn Dafydd Rhys (1534 – c. 1609) at dros hanner cant o gewri Cymreig. Un ohonynt oedd Rhita Gawr a wisgai ar ei fantell farfau'r holl gewri niferus a drechwyd ganddo. Diwedd ei hanes fu iddo herio Arthur fawr ei hun a chael ei ladd am ei hyfdra. O blith copïwyr llawysgrifau'r unfed ganrif ar bymtheg a'r ail ganrif ar bymtheg a wnaeth gymwynas fawr yn diogelu rhai storïau, y pwysicaf oedd John Jones (c. 1585 – 1657/8), Gellilyfdy, sir Y Fflint. Yn llawysgrif Peniarth 267, er enghraifft, ceir cofnod ganddo o'r chwedl am Fallt Goch. Ef hefyd a ddiogelodd 'ystoria' Ysgan ab Osgo, Arglwydd Bodeugan yn Isaled, stori sy'n seiliedig ar fotîff prin iawn mewn llên gwerin, sef 'ffoi rhag angau'.   Prin fod angen ein hatgoffa o gymwynasau a gweithgarwch mawr yr ysgolhaig Celtaidd nodedig, Edward Lhuyd, awdur *Archaeologia Britannica* (1707), Morrisiaid Môn, na'r amryddawn Edward Williams, Iolo Morganwg. Edward Lhuyd oedd y Cymro cyntaf i wneud arolwg cenedlaethol o draddodiadau ac arferion y Cymry drwy gyfrwng ei holiadur – *The Customs and peculiar Games and feasts . . . together with the Vulgar Errors and Traditions.* O blith y traddodiadau a'r storïau a gofnodwyd ganddo gellir nodi, er enghraifft, ei fersiwn diddorol ef o'r stori am y Brenin March ap Meirchion a'i glustiau ceffyl.

O'r ddeunawfed ganrif hyd heddiw ni fu pall ar yr amrywiaeth dihysbydd o ddefnyddiau printiedig a gyhoeddwyd yng Nghymru. Cynhwysai llawer o'r deunydd hwnnw lên gwerin ar ffurf almanaciau, baledi, cylchgronau, papurau newydd ac, wrth gwrs, llyfrau o bob math, o'r ffug-chwedlau cynnar i gasgliadau cynhwysfawr o lên gwerin. Gwnaed cymwynas arbennig gan liaws o wŷr – a rhai gwragedd hefyd – a fu'n ddiwyd yn rhoi ar gof a chadw lên a llafar eu bro a'u gwlad. Ar wahân i ddeunydd gwerthfawr sy'n aros o hyd mewn casgliadau llawysgrifol, cyhoeddwyd ffrwyth eu llafur mewn cyfrolau niferus, cylchgronau a cholofnau papur newydd. Ymhlith y pennaf o'r cymwynaswyr yr oedd gwŷr eglwysig, megis Owen Wynne Jones, 'Glasynys', a D. Silvan Evans, golygydd *Y Brython* (1858–63), a chyd-awdur *Ystên Sioned* (1882). Cofir hefyd am lafur caled gwŷr diwylliedig o dde Cymru, megis Tom Jones, Trealaw, a gyhoeddodd lawer o'i gasgliadau yn *Y Darian*, a'r hynafiaethydd brwd, T. C. Evans, 'Cadrawd', awdur *The History of Llangynwyd* (1887). Cyflawnwyd cymwynasau tebyg yn y gogledd gan wŷr megis Richard Griffiths, 'Carneddog', a Syr O. M. Edwards, golygydd y cylchgrawn ardderchog, *Cymru* (1891–1927).

Cafwyd casgliadau diddorol a gwerthfawr o lên gwerin yn sgil gosod cystadlaethau yn yr Eisteddfod Genedlaethol ac yn yr eisteddfodau taleithiol a lleol. Cyhoeddwyd nifer helaeth o gyfrolau atgofion a hanesion plwyfi ac ardaloedd. Cyhoeddwyd hefyd gasgliadau niferus o lên gwerin yr oedd storïau gwerin a thraddodiadau yn ffurfio rhan amlwg o'u cynnwys. Dyma ddetholiad byr: Peter Roberts, *The Cambrian Popular Antiquities* (1815); Isaac Foulkes, *Cymru Fu* (1862); Elias Owen, *Welsh Folk-Lore* (1896); John Jones, 'Myrddin Fardd', *Llên Gwerin Sir Gaernarfon* (1908); Marie Trevelyan, *Folk-Lore and Folk-Stories of Wales* (1909); J. Ceredig Davies, *Folk-Lore of West and Mid-Wales* (1911); Myra Evans, *Casgliad o Chwedlau Newydd* (1926); Hugh Evans, *Y Tylwyth Teg* (1935); Evan Isaac, *Coelion Cymru* (1938); Thomas Thomas, 'Sarnicol', *Chwedlau Cefn Gwlad* (1944). Dau ysgolhaig o'r ugeinfed ganrif a wnaeth gyfraniad nodedig oedd Syr John Rhŷs, awdur y ddwy gyfrol *Celtic Folklore: Welsh and Manx* (1901), a T. Gwynn Jones, awdur *Welsh Folklore and Folk-Custom* (1930). At hynny, ers ei hagor i'r cyhoedd ym 1948 rhoddwyd lle blaenllaw yn Amgueddfa Werin Cymru i astudiaethau gwerin. Nid tan fis Hydref 1964, fodd bynnag, y dechreuwyd paratoi arolwg o faes y stori werin, gan ganolbwyntio'n arbennig, ond nid yn gyfan gwbl, ar y traddodiad Cymraeg drwy recordio ar dâp gannoedd o eitemau o lên gwerin, yn storïau, chwedlau, traddodiadau, hanesion, profiadau a choelion gwerin.

15 James Wade, 'Shemi Wâd' (m. 1897 yn 80 mlwydd oed),
Wdig, sir Benfro, cymeriad a storïwr celwydd golau.

16 'Jac y Lantarn' yn ymryson â'r Diafol mewn cae tatws:
un o storïau niferus Lewis T. Evans (1882–1975)
(Darlun gan Margaret D. Jones).

Beth sy'n egluro parhad di-dor y traddodiad o adrodd storïau yng Nghymru? Gellir nodi pedair ystyriaeth. Yn gyntaf, natur y gymdeithas. Nid yw storïau gwerin yn bodoli mewn gwagle. Y maent yn tyfu o bridd a daear bro a gwlad arbennig. Cânt eu meithrin gan gymdeithas fyw lle y mae pobl yn ymwneud beunydd beunos â'i gilydd. Cânt eu lliwio gan iaith ac amgylchiadau, credoau ac arferion, ac awydd cynhenid pobl, yn blant ac oedolion, i gyfathrebu â'i gilydd, i sgwrsio, i 'ddweud stori'. Yn y fan hon, felly, buddiol fyddai nodi'n fyr rai o'r canolfannau (answyddogol, gan amlaf) lle y bu'r Cymry yn cwrdd i sgwrsio ac i ddifyrru ei gilydd ar gân a stori. Gellir cyfeirio at y canolfannau hyn fel sianelau i drosglwyddo'r traddodiad storïol o berson i berson: yr aelwyd yng nghwmni'r teulu a chymdogion (y man cyfarfod pwysicaf); cwmnïaeth storïwyr a chymeriadau ffraeth mewn llan a thref; cwmnïaeth bob dydd cyd-weithwyr a chyd-deithwyr; difyrrwch fin nos (er enghraifft, wrth chwarae coetio ac ymhlith gweision ffermydd yn y llofft stabal); gweithdai a chanolfannau crefft; achlysuron o gydweithio cymdogol, megis diwrnod cneifio a diwrnod dyrnu; achlysuron cymdeithasol, megis gwylmabsant, y twmpath chwarae, y noson lawen a'r noswaith wau; adegau neilltuol o'r flwyddyn, megis Calan Mai a Chalan Gaeaf; ffeiriau a marchnadoedd; tafarnau a mannau cyfarfod anffurfiol eraill. Heddiw, er pob newid a fu yn natur y gymdeithas, ceir cyfryngau newydd sy'n fodd i feithrin a throsglwyddo storïau, megis y radio a'r teledu, y ffôn a'r cyfrifiadur, a phapurau newydd dyddiol poblogaidd. Yn ddiweddar hefyd daeth yn arfer i wahodd storïwyr, yn wŷr ac yn wragedd, i adrodd storïau mewn ysgolion, llyfrgelloedd ac amgueddfeydd.

Ar ôl cyfeirio at y prif ganolfannau cyfarfod, buddiol yn awr fyddai nodi ystyriaethau pellach sy'n gymorth inni ddeall yn well sut y datblygodd traddodiad y stori werin yng Nghymru a'r hyn a roes iddo ruddin a nerth. Hyd at yn gymharol ddiweddar yr oedd y mwyafrif o gymunedau yng

Nghymru yn hunangynhaliol, yn creu eu gwaith a'u
hadloniant eu hunain. Gwlad o gymunedau clòs fu Cymru,
yn bennaf, lle yr oedd pobl yn ymwneud â'i gilydd beunydd
beunos. O ganlyniad, ymledai stori newydd yn gyflym fel si
drwy'r ardal. Ond un agwedd yn unig ar adloniant oedd
dweud straeon. Yr oedd yn rhan o weithgaredd llawer
ehangach a gynhwysai hefyd, o dro i dro, sgwrsio a sôn am
hynt a helynt y byd a'i bethe – 'rhoi'r byd yn ei le'; sôn am
droeon trwstan rhai o'r trigolion; adrodd sibrydion, 'cario
clecs' neu 'giants' – 'ciantio' – 'hel straeon'; adrodd a chanu
hen rigymau, hen benillion, hen gerddi, baledi a chaneuon
gwerin; adrodd posau a chlymau tafod; chwaraeon a difyrion
aelwyd, megis 'chwarae procar' a dawnsio step y glocsen.
Adroddid y straeon hyn dan amgylchiadau anffurfiol ac
answyddogol. Yn anaml y byddai pobl yn cwrdd yn benodol
i adrodd storïau. Ble bynnag a pha bryd bynnag y byddai un
neu ddau neu ragor yn cwrdd â'i gilydd mewn awyrgylch
gartrefol braf, byddai 'dweud straeon' yn ganlyniad
uniongyrchol ac anymwybodol. Awyrgylch hamddenol oedd
i waith y mwyafrif o bobl, ac mewn awyrgylch felly byddai
'storïa' neu 'streua' yn rhan o weithgarwch oriau gwaith yn
ogystal ag oriau hamdden. Sonnir am hyn yn fyw iawn gan y
bardd, John Davies, 'Taliesin Hiraethog' (1843–94), ar
ddechrau ysgrif fer anorffenedig o'i eiddo ar y testun 'Hen
Draddodiadau':

Cerrigydrudion ydyw y plwyf mwyaf mynyddig ac
anghysbell yn sir Ddinbych. Y mae ei fryniau
crawcwelltog a'i ffriddoedd grugog a noethlwm yn
llawn diddordeb i'r hynafiaethydd. Y mae pob carnedd a
thwmpath a phob cornant ac afon yn llawn o hen
gofiannau am yr oesau a fu, ac y mae ei breswylwyr
gwledig yn cael llawer o ddifyrrwch ar hirnos gaeaf
wrth adrodd y chwedlau a'r llên gwerin sydd ynglŷn â
hwynt. Pan oedd yr ysgrifennydd yn laslanc yn bugeilio
defaid ei dad hyd lennydd yr afon Alwen a minion Llyn

Dau Ychen byddai ef a'i gyd-fugeiliaid yn treulio llawer darn diwrnod diddan i adrodd y chwedlau hyn wrth eistedd ar docyn o frwyn i gadw y defaid ar eu cynefin ddechrau haf.

Fel pob traddodiad byw, nid rhywbeth statig oedd y traddodiad o adrodd storïau. Nid llyn llonydd mohono, ond nant fyrlymus. Traddodiad byw ydyw sy'n cael ei greu a'i ail-greu o'r naill genhedlaeth i'r llall. Bu dyfodiad Piwritaniaeth yn ystod yr ail ganrif ar bymtheg a diwygiadau crefyddol y ddeunawfed ganrif a'r bedwaredd ganrif ar bymtheg yn un o'r prif resymau dros ddiflaniad graddol yr wylmabsant, y twmpath chwarae a chynulliadau awyr-agored cyffelyb. Meddai awdur anhysbys o Ddinas Mawddwy mewn ysgrif yn dwyn y teitl 'Atgofion Bore Oes':

> Yr oedd llawer o hen arferion darostyngol a fygent bob teimlad o rinwedd a moesoldeb ac a brofent yn felldith i'r ardaloedd yma. Ffynnai ofergoelion am ysbrydion, canhwyllau cyrff a bwgan ymhob rhyw gornel dywyll . . . A pha ryfedd. Holl bleser hen bobl fyddai casglu at ei gilydd wrth dân mawn o dan yr hen simdde fawr ac am y goreu chwedl a'r mwyaf dychrynllyd ei stori. Ond llwyddodd yr Ysgol Sul a hen ymneillduwyr yr ardal i roddi yr hen arferion hyn i lawr erbyn heddiw.

Fodd bynnag, er i'r diwygiadau crefyddol fod yn un cyfrwng i ddileu llawer o hen chwaraeon, defodau, arferion a dawnsfeydd Cymreig, ni lwyddasant i lesteirio na dinistrio traddodiad y stori werin. Yn hytrach, yr hyn a ddigwyddodd oedd newid peth ar natur y traddodiad. Parhawyd i adrodd chwedlau (er enghraifft, am y Tylwyth Teg, y Diafol ac ysbrydion) nid i ddiddanu yn unig ond hefyd i addysgu a moesoli. Y wobr am ddaioni yw llwyddiant a llawenydd. Caiff morynion sy'n glanhau'r tŷ yn lân arian gan y Tylwyth Teg. Ond y gosb am ddrygioni yw marwolaeth. Y thema

17 Thomas Christopher Evans, 'Cadrawd' (1846–1918),
Llangynwyd, Morgannwg: gof a chofnodwr.
Y mae'n dal peithynen yn ei law dde.

ganolog yw goruchafiaeth y da ar y drwg. Y mae bendith y dewin yn gryfach na melltith y wrach, Duw yn drech na'r Diafol.

Yn wir, yn sgil yr adfywiadau ysbrydol hyn, daethpwyd i adrodd llawer o chwedlau a hanesion o'r newydd: hanesion rhyfeddol am yr hyn a ddigwyddai pe syrthiai barn Duw ar y sawl a feiddiai wrthwynebu crefydd. Ymhen amser daeth yr hanesion newydd hyn yn rhan annatod o lên gwerin. Dyna, er enghraifft, y profiadau echrydus honedig a ddaeth i ran gweithwyr tymhorol a fu'n cynaeafu ar y Gororau yn Lloegr ac a feiddiodd gerdded adref i'w cartrefi yng Nghymru ar y Sul, neu brofiad cwmni llawen mewn ysgubor a feiddiodd chwarae cardiau ar y Sul. Rhuthrodd ysgyfarnog (y Diafol) drwy'r drws agored a chwalu'r cardiau i bob man.

I'n cyndadau, yr oedd rhyw ddirgelwch a chysegredigrwydd yn perthyn i olion hynafiaethol megis cerrig, carneddau a chromlechi. Rhaid oedd ymatal rhag chwilio am y trysor cudd, ac nid oedd wiw eu symud na'u chwalu. Mewn llên gwerin, fel mewn bywyd ei hun, ceir rhai pethau sy'n waharddedig: y mae un pren yng Ngardd Eden nad oes neb i fwyta ei ffrwyth; y mae un drws yng Ngwales, yn stori Branwen, nad oes neb i'w agor; un gloch yn Ogof Arthur nad oes neb i'w chyffwrdd; un garreg mewn cae nad oes neb i'w symud. Rhaid ymatal rhag herio ffawd a digio'r duwiau. Yr oedd hen gred gynt, ped aech i gysgu ger cromlech ar un o'r 'tair ysbrydnos' (Nos Galan Mai, Noswyl Ifan yr Haf (22 Mehefin), a Nos Galan Gaeaf) y byddech cyn y bore wedi marw, wedi colli eich pwyll, neu wedi troi yn fardd. Ond er gwaethaf y perygl, ceir hanesion am rai yn mentro gwneud hynny, gyda chanlyniadau trist. Mentrodd Pwyll i eistedd ar Orsedd Arberth, er y gwyddai'n burion y gallai un o ddau beth ddigwydd iddo: cael ei glwyfo neu 'weld rhyfeddod' (Rhiannon ar farch gwyn). Y mae hyn yn dwyn i gof un o themâu canolog llên gwerin ac o baradocsau pob oes. Yng nghanol bywyd y mae marwolaeth; ond yng nghanol marwolaeth y mae bywyd. Y mae dyn yn gwybod o'r gorau am y perygl, ond y mae ei ysbryd herfeiddiol yn ei yrru ymlaen, weithiau i wynfyd, weithiau i wae. Y grym sy'n ei reoli yw ei ddyhead cynhenid am gael gweld, fel y gwelodd Pwyll gynt, yng nghanol mynd a dod ein byw bob dydd, ryw ryfeddod – y rhyfeddod prin hwnnw sy'n peri bod yna ronyn o hud a hyfrydwch y byd mawr diamser yn dod yn rhan o'n byd bychan darfodedig ni. Y deunydd llafar hwn oedd cynhysgaeth y storïwr gwerin o Gymro, ac yr oedd yn gyfryw fel bod croeso iddo gan werin-bobl a brofasai wres tân y diwygiadau crefyddol.

18 Teulu Bronfynwent, Bronnant, Ceredigion, yn sgwrsio ar yr aelwyd, 29 Medi 1970. Ar y dde gwelir Daniel Jones (g. 1888): amaethwr, crefftwr, dewin dŵr, hanesydd lleol a storïwr.

Dylid ystyried un ffaith bwysig arall. Yr oedd ysgolion cylchynol Griffith Jones, Llanddowror, y diwygiadau crefyddol ac ysgolion Sul Thomas Charles ymhlith y ffactorau amlycaf a droes bobl Cymru yn un o'r cenhedloedd mwyaf llythrennog yn Ewrop. A dyma baradocs. Yr oedd y gwŷr a geisiodd ddarostwng rhai o hen arferion a defodau'r Cymry yn anuniongyrchol gyfrifol hefyd am greu ym meddyliau'r bobl archwaeth at ddarllen. O ddiwedd y ddeunawfed ganrif ymlaen cafwyd llifeiriant o weithiau printiedig ac yr oedd llawer o'r cyhoeddiadau hyn yn cynnwys deunydd llên gwerin difyr iawn.

Erbyn heddiw bu addasu pellach. Er bod llawer o hyd yn credu, neu yn lled-gredu, yn y goruwchnaturiol, y mae'r pwyslais fwyfwy bellach ar adrodd storïau gwir a storïau digri. Mewn oes brysur pwysleisir y dweud difyr, bachog, yr ergyd derfynol, sydyn, gofiadwy. Dyna arddull y difyrwyr ar deledu ac mewn nosweithiau llawen. Eto i gyd, y mae i rai o'r storïau digrif byr hyn hanes hir, a buont ar un adeg yn llawer meithach. Un enghraifft arbennig yw'r stori gydwladol 'Y Brenin a'r Esgob' y cyfeiriwyd ati eisoes.

Er pob newid a fu ym mhatrwm cymdeithas o ganrif i ganrif, ac er y newid yng nghynnwys a ffurf llawer o'r storïau, y mae iddynt o hyd ystyr a swyddogaeth hollbwysig. Y maent yn fyw am i rywrai ar hyd yr oesoedd weld gwerth ynddynt. O genhedlaeth i genhedlaeth y mae storïau gwerin wedi rhoi pleser di-ben-draw i blant ac oedolion; y maent yn ddrych i hanes cenedl ac yn ddarlun o hynt a helynt pobl yn eu cymdeithas. Y mae gwrando ar storïau yn cael eu hadrodd yn codi cwr y llên ar wyrth a rhyfeddod y meddwl dynol: y ddawn dweud; y bwrlwm creadigol; y crebwyll a'r dychymyg byw. Byd yr ymddiwyllio ydyw. Byd gwâr y goleuni sy'n treiddio i gorneli tywyll. Byd yr ymddiddan a'r diddanwch yng nghwmni'r cyfarwydd.

DARLLEN PELLACH

Sioned Davies, *Crefft y Cyfarwydd: Astudiaeth o Dechnegau Naratif y Mabinogion* (Caerdydd, 1995).

Robin Gwyndaf, *Chwedlau Gwerin Cymru: Welsh Folk Tales* (Caerdydd, 1989).

Robin Gwyndaf, 'Storïau Gwerin: Cynheiliaid traddodiad o Gymru', www.amgueddfacymru.ac.uk/storiwerin

Robin Gwyndaf, 'The Prose Narrative Repertoire of a Passive Tradition-Bearer in a Welsh Rural Community', rhan 1, *Folk Narrative Research, Studia Fennica*, 20 (1976); rhan 2, *Fabula*, 22 (1981).

Dafydd a Rhiannon Ifans, *Y Mabinogion*: Diweddariad, ynghyd â rhagymadrodd gan Brynley F. Roberts (Llandysul, 1980).

T. Gwynn Jones, *Welsh Folklore and Folk-Custom* (Llundain, 1930).

Thomas Jones, 'Y Stori Werin yng Nghymru', *Trafodion Anrhydeddus Gymdeithas y Cymmrodorion* (1970).

Trefor M. Owen, *The Customs and Traditions of Wales: A Pocket Guide* (Caerdydd, 1991).

Brynley F. Roberts, 'Oral Tradition and Welsh Literature: A Description and a Survey', *Oral Tradition*, 3 (1988).

John Rhŷs, *Celtic Folklore: Welsh and Manx* (2 gyf., Rhydychen, 1901).

'TAD Y WLADFA'? : MICHAEL D. JONES A SEFYDLU'R WLADFA YM MHATAGONIA

Dafydd Tudur

I ddwyn y Symudiad allan i weithrediad y mae'n rhaid wrth foddion arianol, ac y mae'r rhai hyny bob amser yn arwyddo gwneud rhywbeth; felly y bydd ymadawiad y Prwyadwyr [cynrychiolwyr] yn arddangosiad fod y Cymry weithian yn credu yn mhosiblrwydd y Symudiad, pan y rhoddant bethau mor sylweddol ag arian i gynorthwyo.

Michael D. Jones

Cysylltir enw Michael Daniel Jones (1822–98) yn bennaf â'r wladfa Gymreig a sefydlwyd ym Mhatagonia, De America, ym 1865. Bu'n aelod blaenllaw o'r mudiad a anfonodd bobl o Gymru i ymsefydlu ar lannau afon Chupat, neu'r Camwy fel y daethpwyd i'w hadnabod yn ddiweddarach. Ni theithiodd i Batagonia gyda'r fintai gyntaf, ond cymaint oedd ei gyfraniad i'r anturiaeth nes i'w gyd-hyrwyddwr Lewis Jones ei gyfarch ar ddiwedd ei oes fel 'Tad y Wladfa'.

Ni fu R. Bryn Williams, hanesydd pennaf y Wladfa yn yr ugeinfed ganrif, mor barod â Lewis Jones i roi lle canolog i Michael D. Jones yn hanes y fenter feiddgar hon. Ceisiodd Williams gywiro rhai camsyniadau ynglŷn â chyfraniad Michael D. Jones i'r gwaith o sefydlu'r Wladfa. Dadleuodd nad 'ynglŷn â'r mudiad gwladfaol y bu gwaith pennaf ei fywyd, ond fel arloesydd y deffroad gwleidyddol yng Nghymru ei hun'. Pwysleisiodd hefyd nad Michael D. Jones a gafodd y 'weledigaeth' o wladfa Gymreig, ac mai cefnogi ymdrechion pobl eraill a wnaeth yn hytrach nag arwain y ffordd ei hun. Yn ogystal â hynny, cyflwynodd Michael D. Jones fel un a dynnwyd i mewn i weithgaredd yn Lerpwl fel y gellid manteisio ar ei 'sêl wlatgarol a'i safle fel prifathro coleg', a chyfeiriodd at y trafferthion a gododd o ganlyniad i'w ddiffyg profiad a'i ddiniweidrwydd wrth drafod materion ariannol.

Beth yn union, felly, fu rhan Michael D. Jones yn y gwaith o sefydlu'r Wladfa ym Mhatagonia? Ac i ba raddau y gellid ei ystyried yn 'Dad y Wladfa'? Er mwyn ceisio ateb y cwestiynau hyn, bwriedir yn yr ysgrif hon drafod ei gyfraniad i dwf a datblygiad y mudiad a fu'n gyfrifol am sefydlu'r Wladfa Gymreig.

Rhoddodd Michael D. Jones ei gefnogaeth i'r syniad o sefydlu gwladfa Gymreig am y tro cyntaf ym 1848 pan oedd ar ymweliad â'r Taleithiau Unedig. Croesodd Fôr Iwerydd gyda'r bwriad, yn ôl Evan Pan Jones, o astudio 'Gweriniaeth gartref' a

'Chaethwasiaeth mewn ymarferiad', er ei fod hefyd 'yn awyddus iawn am ddeall y manteision a'r anfanteision oedd i'r Cymry yn America'. Yr oedd newydd gwblhau ei addysg – pedair blynedd yng Ngholeg Presbyteraidd Caerfyrddin a thair arall yng Ngholeg Highbury, Llundain – ac, fel yr awgrymai Pan Jones, ymddiddorai mewn gwleidyddiaeth a chymdeithas. Yr oedd ganddo hefyd deulu yn y Taleithiau Unedig. Ym 1837 ymfudodd ei chwaer hynaf, Mary Ann, i dalaith Ohio, lle'r oedd rhai o'i theulu ar ochr ei mam eisoes wedi ymgartrefu. Nid oedd yn beth anghyffredin i Gymro gael cysylltiadau teuluol â'r Taleithiau Unedig yn y cyfnod hwnnw. Ym 1848 yr oedd tua 30,000 o bobl a anwyd yng Nghymru yn byw yno, a chynyddu a wnaeth y rhif hwnnw i 100,000 erbyn dechrau'r ugeinfed ganrif. Sut bynnag, yn Ohio y treuliodd Michael D. Jones y rhan fwyaf o'i amser yn y Taleithiau Unedig, ac erbyn diwedd 1848 yr oedd wedi ei ordeinio i'r weinidogaeth yng nghapel yr Annibynwyr Cymraeg yn Lawrence Street, Cincinnati, ar gytundeb i wasanaethu yno hyd yr haf canlynol.

Gwelai Michael D. Jones y manteision a oedd ar gael i'w gyd-Gymry yn y Taleithiau Unedig. Yn un o'i lythyrau i'r *Cenhadwr Americanaidd* nododd fod y wlad, a chymryd popeth i ystyriaeth, yn 'un o'r llefydd mwyaf rhydd i ddyn gwyn'. O safbwynt economaidd credai Jones fod ei gydwladwyr mewn gwell sefyllfa yno na phe baent wedi aros yng Nghymru, a chymaint oedd ei argyhoeddiad fel y galwodd ar y Cymry yn America i sefydlu cymdeithas i gynorthwyo tlodion Cymru i ymfudo i Ogledd America. Croesawyd y syniad hwn gan rai ohonynt, ac mewn cyfarfod a gynhaliwyd yn Cincinnati ym mis Tachwedd 1848 ffurfiwyd 'Cymdeithas y Brython'. Yn sgil casglu tanysgrifiadau yn y Taleithiau Unedig rhoddwyd arian cludiad i ymfudwyr o Gymru ar yr amod eu bod yn ymgartrefu mewn cymuned lle y sefydlwyd cangen o Gymdeithas y Brython ac yn talu'r arian yn ôl ymhen deunaw mis. O fewn ychydig fisoedd ymddangosodd

19 Cincinnati, Ohio, ar ddiwedd y 1840au. Bu Michael D. Jones yn weinidog yno ym 1848–9.

canghennau o Gymdeithas y Brython mewn sawl cymuned Gymreig, gan gynnwys Middle Granville, Pittston, Efrog Newydd, Pittsburgh, Paddy's Run, Big Rock, Vermont, Brownville, Racine, Utica ac Oshkosh.

Serch hynny, sylwodd Michael D. Jones hefyd ar ddylanwad anffafriol y diwylliant Eingl-Americanaidd ar ei gydwladwyr yn y Taleithiau Unedig. Yr oedd y capel yn sefydliad canolog ym mywyd cymdeithasol Cymry America, ac ymddengys fod gwaith Michael D. Jones fel gweinidog yn ei alluogi i astudio effaith y dylanwadau diwylliannol hyn arnynt. Mewn un llythyr a anfonodd i Gymru cwynai ei bod 'yn wir dorcalonus gweithio gydag unrhyw sefydliad o eiddo y Cymry yn y wlad hon, pan y mae pob rheswm yn dangos mai darfod wna ein cenedl yma'. Sylwai fod y Cymry nid yn unig yn colli eu hiaith a'u harferion Cymreig yn eu cynefin newydd, ond eu bod hefyd yn esgeuluso eu dyletswyddau fel Cristnogion ac yn llithro i anfoesoldeb. Nid cyd-ddigwyddiad oedd hyn yn ei olwg ef. Credai fod y ddwy duedd yn gysylltiedig â'i gilydd. 'Nid colled am iaith yn unig fydd colli ein hiaith', meddai, 'ond colled am ein moesau, a'n crefydd i raddau pwysig.' Yn ogystal â hynny, sylwai fod y Cymry yn dioddef anfanteision economaidd oherwydd eu nodweddion diwylliannol: 'edrycher ar yr anghysur a'r anghyfleusdra mawr y mae hyn yn ei achosi i Gymry yn y Talaethau, a Chanada – y cyflog yn llai mewn canlyniad fod dyn yn Gymro, a'i ddyfodiad i swydd, mor anhawdd arall ag i Scotchman, Gwyddel, neu Sais, os nad yw yn anmhosibl.' Er lles a hapusrwydd yr ymfudwyr o Gymru, yr oedd angen canfod ffordd o ddiogelu eu hunaniaeth genedlaethol a sicrhau hefyd eu bod yn cael yr un cyfleoedd â siaradwyr Saesneg yn y Taleithiau Unedig.

Nid Michael D. Jones oedd yr unig un i sylwi bod y Cymry yn colli eu hunaniaeth genedlaethol. Ceid cyfeiriadau niferus yn y wasg yng Nghymru a Gogledd America ynghylch rhagolygon gwael yr iaith Gymraeg. Yn

Yr Amserau gresynai'r golygydd William Rees (Gwilym Hiraethog) oherwydd cyflwr y Cymry alltud: 'Collant eu gilydd, collant eu hiaith, a llawer o honynt a gollant eu crefydd', ac nid Michael D. Jones oedd y cyntaf i awgrymu y byddai sefydlu gwladfa Gymreig yn datrys y broblem. Ar ddiwedd y 1840au ymddangosodd sawl llythyr yn y wasg, yng Nghymru yn ogystal â'r Taleithiau Unedig, yn trafod y posibilrwydd o sefydlu gwladfa Gymreig fel man lle y gallai ymfudwyr o Gymru ymgartrefu gyda'i gilydd a diogelu eu hunaniaeth genedlaethol. Ymuno yn y drafodaeth hon, yn hytrach na'i chychwyn, a wnaeth Michael D. Jones.

Yr oedd lleoliad y wladfa yn destun trafod bywiog ymhlith y bobl a oedd yn gefnogol i'r syniad. Credai rhai ohonynt y dylid ei sefydlu mewn rhyw ran o'r Taleithiau Unedig, tra oedd eraill o'r farn mai Awstralia fyddai orau. Dadleuai Cadwaladr R. Jones, cydymaith Michael D. Jones ar ei ymweliad â Gogledd America, mai Wisconsin fyddai'r man delfrydol i'r wladfa oherwydd bod miloedd o Gymry wedi ymgartrefu yno eisoes. Yn wir, cymaint oedd presenoldeb y Cymry yn Wisconsin fel bod yr awdurdodau wedi cyfieithu'r Cyfansoddiad Americanaidd i'r iaith Gymraeg. Cytunai Michael D. Jones fod gwerth ystyried Wisconsin fel lleoliad posibl, ond yr oedd ganddo syniadau eraill. Ar ôl i'r Cymry ymgynnull yn Wisconsin, credai y dylent fynd yn eu blaen i Oregon, rhanbarth ar arfordir orllewinol Gogledd America, a sefydlu'r wladfa yno. Dadleuai fod yr hinsawdd a'r tirwedd yn addas ar gyfer amaethyddiaeth, fod y rheilffyrdd wedi gwella cysylltiadau â rhannau eraill o Ogledd America, a bod sawl man ar hyd yr arfordir yn addas ar gyfer adeiladu porthladdoedd. Trwy fanteisio ar yr adnoddau hyn, gobeithiai Michael D. Jones y byddai Oregon yn datblygu'n ganolbwynt i fasnach rhwng Gogledd America ac Asia. Prif amcan y wladfa fyddai diogelu'r hunaniaeth Gymreig, ac y mae'n amlwg bod Jones yn ystyried ei datblygiad economaidd yn bwysig i'w lwyddiant.

Wrth grybwyll Oregon, cyfeirio a wnâi Michael D. Jones at 'Oregon Country', rhanbarth o ogledd-orllewin America a oedd yn ymestyn o ledred 42°N i 54°40°N, ac o'r Môr Tawel i odre'r Mynyddoedd Creigiog. Ym 1846 rhannwyd Oregon Country yn ddau ar hyd lledred 49°N. Aeth y rhan ddeheuol i'r Taleithiau Unedig (Oregon Territory) a'r rhan ogleddol i Brydain (Columbia Brydeinig). Bwriad Michael D. Jones oedd sefydlu'r wladfa yn Columbia Brydeinig dan nawdd llywodraeth Prydain. Teimlai'n ffyddiog y byddai'r llywodraeth yn rhoi i'r Cymry yr un faint o hunan-lywodraeth ag a ganiatawyd i Awstralia neu Ganada, ac y byddai hynny yn sylfaen dda i'r wladfa Gymreig. Newidiodd ei agwedd at lywodraeth Prydain yn llwyr ymhen blynyddoedd, a daeth i gredu mai hyrwyddo Seisnigrwydd oedd ei nod, ond yn y 1840au credai y byddai'n rhoi digon o hunanlywodraeth i'r wladfa i sicrhau y byddai'r gyfraith yn cael ei gweinyddu trwy gyfrwng yr iaith Gymraeg.

Ar y pryd nid esboniodd Michael D. Jones y pwysigrwydd o sicrhau bod cyfreithiau gwladfa Oregon yn cael eu gweinyddu trwy gyfrwng y Gymraeg, ond ceir yma awgrym ei fod yn gweld perthynas agos rhwng statws iaith a chynaladwyedd diwylliant. Mynegodd ei syniadau ar y testun hwn mewn pamffled a gyhoeddwyd ym 1859 dan y teitl *Gwladychfa Gymreig*. Ynddo esboniodd fod ym mhob gwladychfa ddwy elfen ddiwylliannol, y 'ffurfiol' a'r 'ymdoddawl'. Yr elfen ffurfiol yw'r diwylliant 'swyddogol', ac adlewyrchir hynny yn bennaf trwy statws iaith ym meysydd cyfraith, masnach, addysg a gwleidyddiaeth. Fel arfer, y diwylliant mwyafrifol yw'r elfen ffurfiol. Y diwylliant Seisnig yw'r elfen ffurfiol yn Lloegr, Eidalaidd yn yr Eidal, a Ffrengig yn Ffrainc. Ond nid yw goruchafiaeth ddiwylliannol o reidrwydd yn adlewyrchu nifer neu gyfran y bobl sy'n perthyn i'r grŵp hwnnw. Y mae'n ymwneud â grym gwleidyddol a statws diwylliant. Mewn trefedigaethau ceir sefyllfa wahanol. Er enghraifft, cyfeiriodd Michael D.

Jones at y ffaith mai Ffrangeg oedd yr elfen ffurfiol yn Algeria. Dadleuodd wedyn fod Saeson, fel aelodau'r grŵp diwylliannol goruchafol yn nhrefedigaethau yr Ymerodraeth Brydeinig, 'yn gorfodi pob dyfodiaid i fabwysiadu eu hiaith a'u harferion, yr hyn sy'n rhoi y fantais iddynt hwy o fod yn flaenaf mewn dylanwad, ac yn rhoi iddynt gyfle i orfaelu pob swydd o esmwythyd, elw, ac anrhydedd'. Nid oedd gan aelodau'r grwpiau diwylliannol eraill fynediad i'r swyddi anrhydeddus hyn. Y rhain, yn ôl Michael D. Jones, oedd yr elfen ddiwylliannol 'ymdoddawl', ond awgrymodd hefyd nad oedd aelodau'r grwpiau 'ymdoddawl' wedi eu cau allan o'r diwylliant ffurfiol yn gyfan gwbl. Byddai rhai ohonynt yn mabwysiadu nodweddion y grŵp gorchfygol yn y gobaith o gael mynediad i swyddi anrhydeddus, tra byddai eraill yn 'ildio' wrth i'r iaith swyddogol droi'n rhan annatod o fywyd bob dydd. Proffwydodd Michael D. Jones y byddai aelodau'r grwpiau hyn, y naill ffordd neu'r llall, yn 'ymdoddi' i'r diwylliant gorchfygol. 'Ac yn mhen amser', meddai, 'ni bydd coffa am danynt, na dim i ddangos eu bod wedi bod, mwy na dynion wedi eu claddu yn y môr.' Am y rheswm hwn, yr oedd sicrhau statws swyddogol i'r iaith Gymraeg yn y wladfa yn hollbwysig er mwyn diogelu hunaniaeth genedlaethol yr ymfudwyr.

Er i'r syniadau hyn am y berthynas rhwng statws iaith a chynaladwyedd diwylliant godi cwestiynau eraill ym meddwl Michael D. Jones ynglŷn â sefyllfa wleidyddol Cymru, nid gwireddu unrhyw ddyheadau gwleidyddol genedlaetholgar oedd ei fwriad wrth drafod y wladfa Gymreig, ond yn hytrach ddiogelu nodweddion cenedlaethol yr ymfudwyr. Dychwelodd i Gymru ar ddiwedd 1849 yn argyhoeddedig bod angen sefydlu gwladfa Gymreig, ond credai mai cyfrifoldeb y Cymry yng Ngogledd America oedd cyflawni hynny. O ganlyniad, bu'n barod i amddiffyn y syniad rhag ymosodiadau yn y wasg am flynyddoedd, ond ni cheisiodd gasglu cefnogaeth i'r Wladfa yn ei famwlad.

Nid yw'n syndod, felly, mai mewn ymateb i ymgais gan y Cymry yn America i sefydlu gwladfa Gymreig y dechreuodd Michael D. Jones hyrwyddo'r syniad yng Nghymru am y tro cyntaf. Ym mis Ionawr 1856 sefydlwyd Cymdeithas Drefedigaethol Gymreig yn Camptonville, California, gyda'r bwriad o 'ymofyn am le cyfleus o'r tu allan i gylch pob cyfansoddiad Llywodraethol arall i ffurfio Gwladychfa Gymreig fel y dyrchafer y genedl i'w hen sefyllfa yn mhlith cenhedloedd y byd'. Er mwyn cyflawni hyn galwai aelodau'r gymdeithas ar eu 'cydwladwyr yn mhob man trwy y byd i sefydlu Cymdeithasau i'r un perwyl'. Ymatebodd Michael D. Jones i'r alwad trwy drefnu cyfarfod cyhoeddus yn Y Bala ym mis Awst 1856. Bythefnos yn ddiweddarach cynhaliwyd ail gyfarfod i sefydlu Cymdeithas Wladychol Penllyn i 'gynorthwyo Cymry yr America yn yr amcan o gael Gwladychfa Gymreig'. Yn ogystal â hyn, ysbrydolwyd Hugh Hughes, saer o Langadfan, wrth ddarllen yr ohebiaeth rhwng Michael D. Jones a Chymdeithas Camptonville yn nhudalennau *Yr Amserau*. Rhannodd Hughes ei frwdfrydedd ynghylch y Wladfa â'i gyd-aelodau yn y gymdeithas lenyddol, a phenderfynwyd gwahodd Michael D. Jones i annerch ar bwnc y wladfa Gymreig mewn cyfarfod cyhoeddus i'w gynnal yn y Guild Hall, Caernarfon, ym mis Rhagfyr 1856. Bu'r cyfarfod yn llwyddiant ysgubol, a sefydlwyd Cymdeithas Wladychol Gymreig Caernarfon a'i Hamgylchoedd y noson honno.

Michael D. Jones oedd 'prif ysgogydd' y mudiad gwladfaol yng Nghymru, ond ymddengys nad oedd ganddo gymaint o ddylanwad ar gefnogwyr eraill ag y buasai wedi ei ddymuno. Daeth hynny'n amlwg yn y drafodaeth ar leoliad y wladfa arfaethedig. Yng nghyfarfod cyntaf Cymdeithas Camptonville penderfynodd yr aelodau geisio tynnu sylw eu cyd-Gymry at Batagonia fel 'lle cyfleus a manteisiol' i sefydlu gwladfa. Gwaetha'r modd, yn ei ateb i gylchlythyr y gymdeithas ymddengys i Michael D. Jones ddadlau y byddai Columbia

Brydeinig, ac yn enwedig Ynys Vancouver, yn lleoliad mwy ffafriol. Yn wir, yn fuan wedi iddo glywed am weithgaredd Cymdeithas Camptonville, ysgrifennodd at Syr George Grey, un o lywodraethwyr trefedigaethol yr Ymerodraeth Brydeinig, i holi ynglŷn â'r posibilrwydd o sefydlu'r wladfa ar Ynys Vancouver. Derbyniodd ateb boddhaol, ac felly, er mai cefnogi ymdrechion y Cymry yn America oedd bwriad y cyfarfod cyhoeddus a drefnodd yn Y Bala ym mis Awst 1856, awgrymodd i'w gynulleidfa mai Ynys Vancouver fyddai'r lleoliad mwyaf addas ar gyfer y wladfa.

Buan y collodd Michael D. Jones ddiddordeb yn Ynys Vancouver pan sylweddolodd nad oedd llywodraeth Prydain yn cymeradwyo sefydlu gwladfa lle y gweinyddid y gyfraith yn Gymraeg. Ond er iddo gyfaddef ar ddechrau 1857 fod cefnogwyr y mudiad ym Meirionnydd a Chaernarfon yn ffafrio Patagonia fel lleoliad, credai y dylid ystyried posibiliadau eraill cyn dod i benderfyniad. Cymerodd ddiddordeb arbennig yn Syria, neu Balesteina, a oedd dan lywodraeth Twrci y pryd hwnnw. Yn ei dyb ef, byddai gwladfa Gymreig yn y Dwyrain Canol 'yn genadaeth ddiail i gario gwareiddiad, crefydd a threfn i'r lle'. Prif hyrwyddwr y lleoliad hwn oedd John Mills, gŵr o Lanidloes a fu am flynyddoedd yn cenhadu ymhlith yr Iddewon yn Llundain. Honnai Mills ei fod, yn unol ag ewyllys Michael D. Jones, yn cynnal trafodaethau â chennad Twrci, a bod y rhagolygon yn addawol iawn. Ond nid oedd Michael D. Jones mor awyddus i fynegi ei farn ar y mater yn gyhoeddus oherwydd, yn ôl pob tebyg, nid oedd yn dymuno ymbellhau oddi wrth y cefnogwyr oedd yn ffafrio Patagonia. Yn y diwedd ildiodd i farn y mwyafrif, er iddo geisio rhoi'r argraff mai ar sail ymchwil bersonol y penderfynodd fod Patagonia yn lleoliad cwbl addas ar gyfer y wladfa.

Y ffactor a fu'n bennaf cyfrifol am greu diddordeb ym Mhatagonia fel lleoliad oedd y gred nad oedd gan lywodraethau De America lawer o afael ar y rhanbarth.

Oherwydd hynny teimlai rhai o'r Cymry yn America nad oedd angen trafod eu cynllun ag unrhyw lywodraeth, ac y gellid teithio yno ar unwaith. Anghytunai Michael D. Jones â hyn, a chredai y dylid cynnal trafodaethau â llywodraethau cyfagos ar bob cyfrif. '"Filibustering" yw meddianu goror heb genad', esboniodd, 'a phe ymsefydlem fel "squatters", byddai raid talu am dir rywbryd, a hyny heb y breintiau a gaem, ond gofalu am freinlen cyn cychwyn.' Unwaith eto, er iddo ddatgan mai'r Cymry yn America a ddylai arwain yr ymgyrch i sefydlu gwladfa Gymreig, gweithredai yn annibynnol pan nad oedd y trefniadau yn ei blesio. Yn haf 1857, er enghraifft, teithiodd i Lundain i drafod y posibiliadau ar gyfer sefydlu gwladfa â chonsyliaid rhai o lywodraethau De America. Bu'n trafod â chonsyliaid Paraguay, Buenos Aires a Banda Oriental, ac enwodd Bahia Blanca, Gran Chaco a glannau afon Chupat fel lleoliadau posibl. Hefyd, er mwyn sicrhau y gwneid yr holl drefniadau yn y modd priodol, mynegodd ei barodrwydd i deithio i Dde America gyda chynrychiolwyr y mudiad yn y Taleithiau Unedig ar yr amod eu bod yn talu ei gostau. Ond ni ddaeth dim o hyn.

Nid oedd Patagonia yn anghyfannedd ychwaith. Yr oedd Michael D. Jones yn ymwybodol fod yno lwythau brodorol, ac amheuai mai bwriad llywodraeth Ariannin drwy wahodd ymfudwyr yno oedd ffurfio cyffindir rhyngddynt hwy a thiriogaethau'r brodorion. Ar un wedd yr oedd ei agwedd at frodorion Patagonia yn nodweddiadol o'i oes. Ystyriai eu hymddygiad yn blentynnaidd, os nad yn farbaraidd, eu harferion yn gyntefig, a'u crefydd baganaidd yn israddol. Ond dadleuai hefyd y dylai'r Cymry gydnabod y brodorion fel gwir berchenogion y tir, ac y dylid rhoi iawndal iddynt amdano. Cyfeiriai at hanes William Penn yng Ngogledd America fel esiampl o'r modd y dylid trin brodorion. Ym 1683 gwnaeth Penn gytundeb â'r brodorion Americanaidd a ddynodai na fyddai'r naill ochr yn defnyddio trais yn erbyn y llall. Yn yr un modd, credai Michael D. Jones y dylai'r Cymry bob amser ymateb yn heddychlon i ymddygiad y brodorion ac y dylent eu trin yn deg a chyfiawn.

Yn ogystal â chynnal trafodaethau â chonsyliaid o Dde America, ceisiodd Michael D. Jones sefydlu cwmni *joint stock* er mwyn ariannu'r fenter. Yn ôl y cynllun hwn byddai'r cwmni'n eiddo i'r cyfranddalwyr, a hwythau'n gwbl atebol drosto'n gyfreithiol. Gan mai'r cyfranddalwyr fyddai unig ffynhonnell incwm y cwmni, byddai llwyddiant yn dibynnu ar werthiant y cyfrannau. Yn y cyfamser bwriadai Michael D. Jones anfon ceisiadau am dir i lywodraethau De America, fel y gallai'r cwmni *joint stock* rannu a gwerthu'r tir am bris a fyddai'n rhoi cludiant rhad i ymfudwyr ac yn talu unrhyw gostau ychwanegol. Ym 1858 derbyniodd wahoddiad i'r Taleithiau Unedig er mwyn trafod y ffordd ymlaen, a gwelodd ei gyfle i hyrwyddo'r cwmni. Glaniodd yn Efrog Newydd ar ddiwedd Awst 1858, gan obeithio y gallai werthu mil o gyfrannau gwerth $25 yr un, ond dim ond tri chant a lwyddodd i'w gwerthu cyn dychwelyd i Gymru ym mis Rhagfyr 1858. Cyn gadael, trosglwyddodd y cyfrifoldeb i John Edred Jones, gweinidog gyda'r Bedyddwyr yn Utica, a llwyddodd ef i werthu dau gant arall erbyn Mawrth 1859. Ond er mor araf oedd y gwerthiant, nid prinder cyfranddalwyr a fu'n gyfrifol am fethiant y cwmni *joint stock* yn y pen draw. Y mae'n debyg i'r cyfreithwyr oedi cyhyd cyn sefydlu'r cwmni fel bod rhai o'r cyfranddalwyr wedi colli pob hyder yn y cynllun ac wedi mynnu cael eu harian yn ôl.

Erbyn i Michael D. Jones ddychwelyd o'r Taleithiau Unedig ar ddiwedd 1858 yr oedd y mudiad a ysgogodd yng Nghymru ddwy flynedd ynghynt wedi ymdawelu. Felly y bu yng Nghaernarfon ym 1857 ar ôl i ddau aelod blaenllaw y gymdeithas, Hugh Hughes a Lewis Jones, symud o'r dref. Aeth Lewis Jones i gadw argraffwasg yng Nghaergybi ac aeth Hugh Hughes i fyw i Lerpwl. Bu rhywfaint o weithgarwch yng Nghaernarfon ym 1858, ond ni fu sôn am y gymdeithas ar ôl 1859. Ym Mhenllyn, y berthynas rhwng tirfeddianwyr a'u tenantiaid a gafodd y sylw pennaf ym 1859. Cafwyd ymgeisydd Rhyddfrydol, David Williams o Gastelldeudraeth, i sefyll dros Feirionnydd yn yr etholiad cyffredinol, a bu Michael D. Jones yn flaenllaw yn yr ymgyrch. Collodd Williams yr etholiad o 38 pleidlais, ac ailetholwyd y Tori a'r tirfeddiannwr, W. W. E. Wynne. Ond bu'r canlyniad yn ddigon agos i ysgogi'r tirfeddianwyr i hel rhai o'u tenantiaid o'u ffermydd am bleidleisio dros y Rhyddfrydwr. Ymhlith y tenantiaid hynny yr oedd Mary Jones, mam Michael D. Jones. Hi oedd yr unig un i atal ei phleidlais yn yr etholiad, ac er i Wynn wadu'r cyhuddiadau, hawdd casglu bod Mary Jones wedi ei chosbi am y gefnogaeth a roes ei mab i'r Rhyddfrydwr. Dirywiodd ei hiechyd yn y misoedd canlynol a bu farw, yn 77 oed, ym mis Ionawr 1861.

Ychydig iawn o amser a neilltuai Michael D. Jones i hyrwyddo'r wladfa a cheisio aildanio'r mudiad yng Nghymru ar ddiwedd y 1850au, ond nid ymgyrch etholiadol y Rhyddfrydwyr ym Meirionnydd ym 1859, a'r helyntion a ddaeth yn ei sgil, oedd yr unig beth i fynd â'i fryd. Ar ddechrau 1859 ysgrifennodd Hugh Hughes ato i ofyn am ei gymorth pe sefydlid cymdeithas wladychol yn Lerpwl, ond yr oedd Michael D. Jones yn brysur yn paratoi ar gyfer ei briodas ag Anne Lloyd o Ruthun. Cynhaliwyd y briodas ym mis Rhagfyr 1859, ac ymhen ychydig fisoedd yr oeddynt yn disgwyl eu plentyn cyntaf. Ganed Myfanwy erch Iwan ar ddechrau Rhagfyr 1860. Ar ben hynny, bu Michael D. Jones yn gofalu am adeiladu Bodiwan, tŷ sylweddol ei faint ar gyrion Y Bala. Eto i gyd, ni roddodd y gorau yn gyfan gwbl i'r gwaith o hyrwyddo'r wladfa. Cyhoeddodd y pamffled *Gwladychfa Gymreig* er mwyn esbonio rhai o'i syniadau, ac yr oedd dal i geisio sefydlu cwmni *joint stock*.

Er na chyflawnwyd llawer yng Nghymru cyn diwedd y 1850au, ni chollodd Michael D. Jones ei frwdfrydedd dros

20 Ffotograff o Michael D. Jones
(1822–98) ar achlysur ei briodas
ag Anne Lloyd, Plas-yn-rhal,
Rhuthun, Rhagfyr 1859.

21 Ffotograff o Anne Lloyd
(1832–1925), gwraig Michael D.
Jones, ar ddiwrnod eu priodas yn
Rhagfyr 1859.

sefydlu gwladfa Gymreig. Pan laniodd Edwin Roberts, un o hyrwyddwyr y mudiad yn y Taleithiau Unedig, ym mhorthladd Lerpwl ym mis Rhagfyr 1860, derbyniodd lythyr byr oddi wrth Michael D. Jones. O fewn mis yr oedd Roberts, 'dan gyfarwyddyd Mr M. D. Jones', wedi cychwyn ar ei daith drwy Gymru yn darlithio ar y wladfa. Dechreuodd y ddau ohonynt ar y gwaith ym mis Ionawr 1861 yn siroedd Caernarfon a Môn, ond yn y cyfnod hwn bu'n rhaid i Michael D. Jones ailystyried rhai o'i syniadau ynglŷn â'r fenter. Nid oedd pethau'n argoeli'n dda i'r mudiad yn y Taleithiau Unedig, a dyna paham y penderfynodd Edwin Roberts deithio i Gymru. Yr oedd wedi gobeithio ymuno â mintai o Gymry Americanaidd a fwriadai adael am Batagonia ym mis Medi 1860, ond methiant fu'r ymdrech. Yn ei siomedigaeth bu Roberts yn ystyried teithio i Dde America ar ei ben ei hun, ond fe'i perswadiwyd ar y funud olaf i fynd i Gymru i chwilio am gefnogwyr eraill. Yr oedd eisoes arwyddion, felly, fod y mudiad yn y Taleithiau Unedig yn diffygio. Ond yr ergyd fwyaf oedd cychwyniad y Rhyfel Cartref ym 1861. Wedi hynny aeth yn fwyfwy anodd i ganghennau'r mudiad gyfathrebu â'i gilydd, a chollwyd $2,000 a gasglwyd gan Gymdeithas Camptonville pan aeth y banc lle y cedwid yr arian â'i ben iddo. Yn groes i ddymuniad Michael D. Jones, pur egwan bellach oedd y gobeithion mai'r Cymry yn America a fyddai'n ymsefydlu yn y Wladfa, ac o hynny ymlaen bu'n rhaid iddo dderbyn nad yn y Taleithiau Unedig, nac ychwaith yng Nghymru, y byddai canolbwynt y mudiad gwladfaol, ond yn hytrach yn Lerpwl.

Ar ddechrau'r 1860au daeth y gweithgaredd yn Lerpwl, dan arweiniad Hugh Hughes, yn gwbl allweddol i ddyfodol y mudiad gwladfaol. Ym mis Gorffennaf 1861 penderfynodd y gwŷr a fu'n cyfarfod yn wythnosol yn 22 Williamson Square ymgorffori'n gymdeithas wladychol. Yn fuan wedyn cychwynnwyd trafodaethau â Samuel R. Phibbs, conswl Conffederasiwn Ariannin yn Lerpwl. Yn ôl Hughes, gofynnodd i Phibbs a fyddai'r llywodraeth yn barod i wneud Patagonia 'yn feddiant bythol i'r Cymry, fel y gallent sefydlu llywodraeth annibynnol ar bob un arall yn y byd'. Nid oedd yr ateb yn annisgwyl. Ni chredai Phibbs y byddai llywodraeth Ariannin yn ildio ei pherchenogaeth ar y wlad mor rhwydd â hynny, ond awgrymodd y gallai'r Cymry ofyn am ffurfio talaith Archentaidd yn hytrach na gwladwriaeth Gymreig, gan honni y byddai hynny, o ran rheolaeth dros eu materion eu hunain, yn gyfystyr ag annibyniaeth.

Yr oedd y trafodaethau hyn eisoes wedi dechrau pan ddaeth Michael D. Jones i gysylltiad â Chymdeithas Wladychol Lerpwl. Yn *Llaw-lyfr y Wladychfa Gymreig*, pamffled a gyhoeddwyd gan y gymdeithas ym 1862, esboniodd Hugh Hughes mai methiant Michael D. Jones gyda'r cwmni *joint stock* a fu'n gyfrifol am ei 'neillduedd' a'i 'ddystawrwydd'. Ychwanegodd fod 'y gwr parchedig fu mor flaenllaw ag egniol gyda'r achos . . . yr un o ran ei syniadau a'i aiddgarwch'. Nododd hefyd fod 'gweithrediadau y Pwyllgorau presenol yn ei foddhau' a'i fod 'yn cydweithredu â hwynt o galon'. Rhydd y geiriau hyn yr argraff mai aros ar y cyrion a wnaeth Michael D. Jones wedi iddo gysylltu â Chymdeithas Lerpwl, ond y mae'r dystiolaeth yn awgrymu'n wahanol. Mewn byr amser yr oedd Jones yn aelod o'r garfan a ymwelai'n gyson â Samuel Phibbs.

Cyn diwedd 1861 cymerodd Michael D. Jones ran amlwg yn y newidiadau strwythurol a ddigwyddodd yn hanes Cymdeithas Lerpwl. Yn unol â chyngor Phibbs, cyfetholwyd cefnogwyr y mudiad o wahanol rannau o Gymru i'w hychwanegu at aelodau'r gymdeithas er mwyn ffurfio pwyllgor cenedlaethol. Tybiai Phibbs y byddai gan y gymdeithas well gobaith o ennyn cefnogaeth llywodraeth Ariannin petai ganddi aelodau ym mhob rhan o Gymru. Ymddengys mai Michael D. Jones a fu'n bennaf cyfrifol am weithredu'r trefniant hwn. Yn sicr, o ystyried ei ddyheadau gwladgarol, gellir gweld paham y byddai maes o law yn awyddus i roi gwedd genedlaethol Gymreig i'r mudiad. Bu hefyd yn gyfrifol am gael gŵyr dylanwadol i weithredu fel ymddiriedolwyr ar y pwyllgor cenedlaethol. Cytunodd David Williams, Uchel-Siryf ac ymgeisydd seneddol dros y Rhyddfrydwyr ym Meirionnydd, a George Whalley, AS Peterborough, i weithredu yn y modd hwn. Yn ôl Lewis Jones, yr oedd David Williams yn talu'r gymwynas yn ôl i Michael D. Jones am ei gymorth yn ystod ymgyrch etholiadol 1859. Ymddengys mai Williams hefyd a lwyddodd i berswadio Whalley i fod yn ymddiriedolwr. Mewn enw yn unig y cyfrannodd Williams a Whalley at weithgaredd y mudiad, ond fel yr awgrymai Phibbs, rhoes hynny fwy o statws i'r pwyllgor yn ei drafodaethau â llywodraeth Ariannin. Y tri ymddiriedolwr arall oedd Thomas Duncombe Love Jones-Parry, tirfeddiannwr o

Fadryn ym Mhenllŷn, Robert James, masnachwr glo o
Lerpwl, a Michael D. Jones ei hun.

Cyfrannodd Michael D. Jones hefyd at waith yr
ymgyrchwyr yn Lerpwl drwy olygu *Y Ddraig Goch*, papur
pythefnosol a ymddangosodd gyntaf ym mis Gorffennaf
1862. Pan wahoddwyd ef i ymgymryd â'r olygyddiaeth
nododd Lewis Jones mai'r rheswm dros lansio'r papur oedd
yr 'helbul a chamwri' a gâi'r mudiad gwladfaol ar law y
papurau newydd Cymraeg, ond nodwyd yn y rhifyn cyntaf
mai pennaf nod *Y Ddraig Goch* oedd 'rhoddi gwybyddiaeth
deg, manwl a chywir i'r wlad, o'r Symmudiad am Wladychfa
Gymreig yn ei holl ranau'. Am gyfnod bu'r *Ddraig Goch* yn
gyfle i gefnogwyr y wladfa leisio barn ar wahanol agweddau
ar waith y mudiad, ond aeth y gost o gyhoeddi ac arafwch y
trafodaethau gyda llywodraeth Ariannin yn faich arno.
Cyhoeddwyd deg rhifyn cyn diwedd y flwyddyn, ac
ymddangosodd chwe rhifyn arall yn hydref 1863.

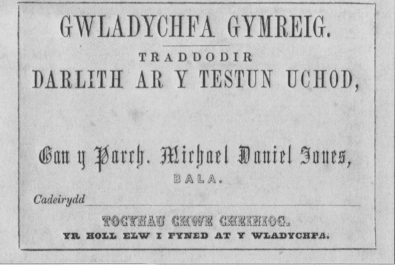

22 Tocyn ar gyfer darlith a draddodwyd gan Michael D. Jones ar y testun
'Gwladychfa Gymreig'.

Er bod cyfraniad Michael D. Jones i waith Pwyllgor Lerpwl rhwng 1861 a 1863 yn fwy nag yr awgrymodd Hugh Hughes yn *Llaw-lyfr y Wladychfa Gymreig*, y mae'n amlwg nad ef oedd arweinydd y mudiad. Nid oes amheuaeth nad oedd ganddo farn gref y pryd hwnnw ynglŷn â'r ffordd ymlaen, ac y mae'n debyg ei fod yn awyddus i ddylanwadu hyd y gallai ar drefniadau pwyllgor Lerpwl, ond dengys y dystiolaeth na lwyddodd i ddylanwadu rhyw lawer ar y pwyllgor ar ddechrau'r 1860au. Os rhywbeth, newid ei syniadau ei hun a wnaeth Michael D. Jones ynglŷn â'r cynllun gwladfaol yn ystod y cyfnod hwn, a hynny oherwydd iddo roi cymaint o bwyslais ar gyfraniad y Cymry yn America yn y gorffennol.

Ym mis Awst 1862 derbyniodd pwyllgor Lerpwl lythyr cadarnhaol oddi wrth Guillermo Rawson, un o weinidogion llywodraeth Ariannin. Ymddangosai Rawson yn hyderus y byddai'r llywodraeth yn caniatáu'r cais am dir, a galwodd ar y pwyllgor i anfon cynrychiolwyr i Dde America i barhau â'r trafodaethau. Yr oedd yr ymgyrch i sefydlu gwladfa Gymreig yn symud ymlaen, ac ar dudalennau'r *Ddraig Goch* cyhoeddodd Michael D. Jones fod y mudiad 'yn cychwyn ar GYFNOD newydd – *y cyfnod ymarferol'*. Er mwyn manteisio ar y cyfle hwnnw, pwysleisiodd mor bwysig oedd sicrhau adnoddau ariannol:

I ddwyn y Symudiad allan i weithrediad y mae'n rhaid wrth foddion arianol, ac y mae'r rhai hyny bob amser yn arwyddo gwneud rhywbeth; felly y bydd ymadawiad y Prwyadwyr [cynrychiolwyr] yn arddangosiad fod y Cymry weithian yn credu yn mhosiblrwydd y Symudiad, pan y rhoddant bethau mor sylweddol ag arian i gynorthwyo.

Yn sgil methiant Michael D. Jones i sefydlu cwmni *joint stock*, bu'r pwyllgor yn ystyried lansio menter gyffelyb ar batrwm Cwmni Dwyrain India, ond ni weithredwyd y cynllun. Awgrymodd Hugh Hughes y posibilrwydd o gynnwys y costau ychwanegol ym mhris tocynnau'r gwladfawyr, ond amcangyfrifwyd y byddai cyfanswm y gost ymhell y tu hwnt i gyrraedd y Cymro cyffredin. Trafodwyd hefyd y posibilrwydd o sefydlu cwmni masnachol. Prif amcan y cwmni hwnnw fyddai gwasanaethu'r wladfa, ond bwriedid iddo fod yn annibynnol arni ac yn rhydd i fasnachu â chwmnïau a sefydliadau eraill. Gwaetha'r modd, ni ddaeth dim o'r cynllun hwn ychwaith, ac o ganlyniad nid oedd cyfrifon y pwyllgor mewn fawr gwell sefyllfa pan gyrhaeddodd y newyddion da o Buenos Aires ym mis Awst 1862.

Er mwyn anfon cynrychiolwyr i Dde America penderfynwyd y byddai aelodau o bwyllgor Lerpwl yn teithio trwy Gymru i gasglu arian at y costau. Aeth Hugh Hughes i ogledd Cymru, Edwin Roberts i'r de, a Michael D. Jones a Lewis Jones i'r gorllewin. Siomedig fu ymateb y cyhoedd. Nid oedd cyfanswm y cyfraniadau yn ddigon i dalu costau'r hyrwyddwyr, heb sôn am y £150 a addawyd i'r ddau gynrychiolydd, Lewis Jones a Love Jones-Parry. Dylai'r hyrwyddwyr fod wedi sylweddoli fod eu methiant i godi arian yn arwydd nad oedd y cyhoedd yn gwbl gefnogol i'r fenter, ac yr oeddynt eisoes wedi cael rhybudd ynglŷn â hynny ddechrau'r flwyddyn. Yn gynnar ym 1862 cyflogwyd Edwin Roberts i hyrwyddo'r mudiad trwy deithio drwy Gymru ar ran y pwyllgor. O fewn ychydig fisoedd llwyddodd i sefydlu 32 o ganghennau ac i gofrestru 1,500 o aelodau newydd yng Ngheredigion. Ond er mor addawol oedd yr ystadegau hyn, ymddengys mai llugoer oedd y gefnogaeth mewn gwirionedd. Ar 1 Mai 1862 cynhaliwyd gŵyl yn Aberystwyth er mwyn cynnull aelodau'r canghennau. Ond yn ôl adroddiadau'r wasg ni ddaeth llawer mwy na dau ddwsin i'r cyfarfod, ac yr oedd rhai ohonynt wedi dod er mwyn datgan eu gwrthwynebiad i'r syniad o sefydlu gwladfa Gymreig. O edrych ar brofiad Edwin Roberts, gellir synhwyro bod y cyhoedd at ei gilydd yn gefnogol i'r mudiad, ond mai ychydig iawn ohonynt a oedd yn ddigon brwdfrydig i roi eu hamser a'u harian i sicrhau ei lwyddiant.

Eto i gyd, nid oedd hyrwyddwyr y wladfa Gymreig am adael i'r cyfle hwn fynd heibio yn rhwydd. Yr oedd nifer ohonynt wedi bod yn trafod y syniad ers blynyddoedd, a chan fod pethau'n ymddangos mor addawol nid oeddynt am ganiatáu i ddiffyg cefnogaeth y cyhoedd ddifetha eu gobeithion. Bu methiant pwyllgor Lerpwl i ariannu ymweliad Lewis Jones a Love Jones-Parry â De America yn garreg filltir yn mherthynas Michael D. Jones â'r fenter. Am y tro cyntaf cytunodd i ysgwyddo rhywfaint o'r baich ariannol. Trefnwyd bod y pwyllgor yn talu costau teithio un cynrychiolydd, a bod Michael D. Jones a Robert James, un arall o ymddiriedolwyr y pwyllgor, yn rhannu costau'r llall rhyngddynt. Fodd bynnag, am resymau aneglur bu'n rhaid i Michael D. Jones ysgwyddo holl gostau'r ail gynrychiolydd.

Ni châi Michael D. Jones gyflog mawr am ei waith fel prifathro Coleg yr Annibynwyr yn Y Bala. Derbyniai £90 y flwyddyn, ynghyd ag £20 ychwanegol am weinidogaethu ar dair eglwys yn ardal Y Bala. Ond gan iddo briodi gwraig ariannog, sef Anne Lloyd o Blas-yn-rhal, ger Rhuthun, yr oedd ganddo arian wrth gefn i'w gyfrannu i'r mudiad. Ymddengys iddo hefyd ofyn i'w fam-yng-nghyfraith, Mary Davies, am gymorth ariannol. Yr oedd hi wedi etifeddu nid yn unig ystad ei gŵr cyntaf, John Lloyd o'r Pistyll, Bodfari, ac ystad ei hail ŵr Hugh Davies o Blas-yn-rhal, ond hefyd ystad ewythr pur gefnog. Wedi i Michael D. Jones ymbriodi ym 1859, symudodd Mary Davies i fyw atynt ym Modiwan, ac yno y bu hyd ei marwolaeth ym 1877.

Er na wyddys llawer am fanylion y trefniant rhwng Michael D. Jones a'i fam-yng-nghyfraith ym 1862, ymddengys fod y gwariant hwn wedi arwain at drafferthion. Cymerodd fenthyciad o'r banc er mwyn talu'r ddyled yn brydlon iddi, a bu'n rhaid iddo chwilio am gymorth pellach. Ym mis Medi 1863, er enghraifft, ysgrifennodd at Robert

James i ofyn am fenthyciad o £27, a bu hefyd yn pwyso ar y pwyllgor am ad-daliad. Negyddol fu ymateb Robert James, ac mewn llythyr a ysgrifennodd ar ran y pwyllgor esboniodd Lewis Jones nad oedd yr un o'r aelodau yn gallu fforddio talu'r arian y gofynnodd amdano.

Llwyddiant y wladfa yn unig a fyddai'n sicrhau ad-daliad i Michael D. Jones, ac felly nid yw'n syndod iddo ymgyrchu'n fwy penderfynol nag erioed er mwyn llwyddo. Yn wir, ar ôl ymrwymo'n ariannol i'r fenter, yr oedd yn barotach i dderbyn trefniadau na fyddai wedi bodloni arnynt cyn hynny. Gellid hyd yn oed ddadlau mai dyna a arweiniodd yn y pen draw at y cytundeb rhwng y pwyllgor a llywodraeth Ariannin. Pan glywodd y pwyllgor fod y cytundeb a wnaed rhwng y cynrychiolwyr a Guillermo Rawson ar ddechrau 1863 wedi ei wrthod gan Gyngres Ariannin, galwodd Michael D. Jones am bleidlais ar y cynnig canlynol:

> Nad ydym yn rhoddi i vyny y syniad o Wladva Gymreig . . . Yn gymaint ag vod Cymdeithas y Wladva Gymreig wedi mynd i draul vawr i gario y mudiad ymlaen hyd yma, a hyny wedi myned yn over oblegid gwaith y Senedd yn gwrthod y cytundeb wnaethid, vod cais i'w wneud at y Weinyddiaeth i ovyn pa beth all hi wneud i gynorthwyo'r Cymry ped ymsevydlent vel ymvudwyr cyfredin ar yr afon Chupat.

Tybiai mai gwastraff arian ac amser fyddai rhoi'r gorau i'w hymdrechion heb gyflawni'r amcan o sefydlu gwladfa Gymreig, ac er mwyn sicrhau llwyddiant yr oedd yn barod i gynnig telerau na fyddai wedi dychmygu eu derbyn ar ddiwedd y 1850au. At hynny, cyfrannodd £100 arall o'i boced ei hun er mwyn caniatáu i Samuel R. Phibbs deithio i Buenos Aires i ailddechrau'r trafodaethau gyda'r llywodraeth.

Ym mis Hydref 1864 derbyniodd y pwyllgor lythyr oddi wrth Rawson yn cynnig tir iddynt ar lannau afon Chupat yn ôl yr un amodau a roddid i ymfudwyr cyffredin. Byddai pob teulu yn cael tua chan erw o dir ac yn derbyn y gweithredoedd arno ymhen dwy flynedd. Galwyd cyfarfod o'r pwyllgor er mwyn trafod y cynnig a phenderfynwyd yn unfrydol ei dderbyn. Yr oedd y trefniant hwn yn gyfaddawd sylweddol ar ran pwyllgor Lerpwl o gofio cais gwreiddiol Hugh Hughes i Samuel Phibbs, ac yn fwy arwyddocaol o gofio syniadau Michael D. Jones ynglŷn â'r berthynas rhwng statws iaith a chynaladwyedd diwylliant. Dadleuodd flynyddoedd cyn hynny y byddai sicrhau mesur o hunanlywodraeth i'r wladfa yn angenrheidiol os oeddynt am sicrhau dyfodol i'r diwylliant Cymreig. Bellach nid oedd unrhyw sicrwydd y cyflawnid hynny. Nod Michael D. Jones o hynny ymlaen fyddai cludo cymaint o bobl â phosibl i'r wladfa fel y gallai'r arweinwyr fynnu statws daleithiol gan lywodraeth Ariannin, a chredai y gellid cyflawni hynny trwy ddenu 20,000 o Gymry yno. O edrych yn ôl, gellir gweld mai breuddwyd gwrach oedd hyn. Erbyn diwedd y bedwaredd ganrif ar bymtheg yr oedd poblogaeth y Wladfa yn ddim mwy na 4,000, ac yr oedd tua thraean ohonynt wedi eu geni ym Mhatagonia.

Gwnaeth Michael D. Jones ei gyfraniad pwysicaf i'r mudiad gwladfaol yn y misoedd cyn ymadawiad y fintai gyntaf. Lewis Jones ac yntau fu'n gyfrifol am logi llong ar gyfer y daith i Batagonia. Llogwyd *Halton Castle*, llong 700 tunnell dan ofal rhyw Gapten Williams, ac yr oedd i hwylio o Lerpwl ar 25 Ebrill 1865 gyda rhwng 150 a 170 o Gymry ar ei bwrdd. Y bwriad oedd cyrraedd glannau afon Chupat erbyn y tymor hau ym misoedd Gorffennaf ac Awst. Ni ddisgwylid y byddai cofrestru teithwyr ar gyfer y siwrnai yn dasg arbennig o anodd; yr oedd trigain o bobl eisoes wedi cofrestru ac wedi talu am y daith i Batagonia. Pobl a oedd wedi cefnogi'r mudiad ers blynyddoedd oedd y rhain – aelodau o bwyllgor Lerpwl ac unigolion brwdfrydig a ffurfiasai ganghennau o'r mudiad mewn rhannau o Gymru.

23 Rhai o aelodau'r fintai a hwyliodd i Batagonia ar fwrdd y *Mimosa* ym 1865. Tynnwyd y llun hwn ym 1890 pan ddathlwyd chwarter canrif er sefydlu'r Wladfa.

Dechreuodd Michael D. Jones gofrestru pobl ar gyfer y fintai ym Meirionnydd ac Arfon. Bu'n annerch yn Llanuwchllyn ac ym Methel ym mis Ionawr, ac yn Llandderfel a Llandrillo ym mis Chwefror. Ym mis Mawrth 1865 bu'n traddodi darlithiau mewn rhannau mwy pellennig o siroedd Meirionnydd a Dinbych, ac ar ddiwedd y mis teithiodd drwy sir Aberteifi, gan gynnal cyfarfodydd mewn mannau fel Capel Seion, Pontrhydfendigaid a Thregaron. Yr oedd wedi bwriadu teithio i sir Aberteifi ddechrau mis Ebrill ond penderfynodd fentro ymhellach i'r de, gan annerch mewn cyfarfodydd ym Mwlchnewydd, Llanelli ac Abertawe. Bu yng nghymoedd de Cymru am ychydig ddyddiau, gan ddarlithio yn Ystradgynlais, Ystalyfera ac Aberdâr, cyn dychwelyd i'r gogledd yn ail wythnos mis Ebrill.

Yn groes i'r disgwyl, cafodd hyrwyddwyr y fenter drafferth i ganfod pobl a oedd yn fodlon teithio i Batagonia, a rhoddwyd llawer o'r bai ar lythyr collfarnol a ymddangosodd dan y ffugenw 'Garibaldi' yn *Yr Herald Cymraeg* ym mis Chwefror 1865. Yr oedd y trafferth a gafwyd i gofrestru ymfudwyr yn destun pryder i Michael D. Jones gan ei fod wedi cytuno i dalu'n llawn i berchenogion yr *Halton Castle* cyn ymadael â Lerpwl, ac er mwyn gwneud hynny byddai'n rhaid llenwi'r holl leoedd gwag ar y llong. Yn ôl y trefniadau gwreiddiol, yr oedd pob oedolyn i dalu £12 am ei gludiad, plant hyd at ddeuddeg i dalu £6, a babanod dan flwydd oed i deithio am ddim. Er mwyn creu mwy o ddiddordeb yn y fenter caniatawyd i ymfudwyr dalu hanner y gost cyn eu hymadawiad ac y byddai Michael D. Jones yn talu'r gweddill am y tro. Disgwylid i'r ymfudwyr dalu eu dyled, ynghyd â llog o 12 y cant, i awdurdodau'r wladfa fel y gellid dychwelyd yr arian i Jones. Unwaith eto, methwyd â llenwi'r holl leoedd ar y llong. Mewn anobaith, cytunodd Michael D. Jones i dalu'r holl gostau ar eu rhan, ar yr amod ei fod yn derbyn eu had-daliad yn brydlon ac yn llawn.

Yn y diwedd llwyddwyd i lenwi'r holl fannau gwag ar yr *Halton Castle*, ond ni lwyddwyd i gofrestru ymfudwyr a oedd yn rhyngu bodd Michael D. Jones. Ers blynyddoedd bu'n pwysleisio'r angen am ymfudwyr cymwys wrth geisio sefydlu gwladfa Gymreig. Dyna paham y tybiai mai'r Cymry yn America, pobl a oedd yn brofiadol yn y gwaith o sefydlu cartrefi mewn gwlad newydd, fyddai'r arloeswyr gorau. Flynyddoedd ynghynt bu'n trafod y brwdfrydedd gwladfaol a geid yn sir Feirionnydd, ac awgrymodd y gellid anfon 'pigion y bobl' oddi yno i arloesi'r wladfa, 'ond ar y drefn bresenol', meddai, 'nid y goreuon sydd bob amser yn ymfudo'. Yn ei dyb ef, parodrwydd i lafurio oedd yn gwneud ymfudwr da, ac yr oedd rhywfaint o brofiad amaethyddol yn angenrheidiol er mwyn trin y tir ym Mhatagonia. Ond, fel y digwyddodd pethau, daeth dros hanner y fintai a hwyliodd i Batagonia ym 1865 o gymunedau diwydiannol de Cymru, megis Aberpennar ac Aberdâr, ac o ddinasoedd Lerpwl a Manceinion. Y mae'n siŵr fod gan amryw ohonynt gefndir amaethyddol o ryw fath neu'i gilydd, ond pryderai Michael D. Jones yn ddirfawr ynghylch eu diffyg profiad. Awgrymodd i'r pwyllgor y gellid eu hanfon yn gyntaf i dalaith Rio Negro, oddeutu tri chan milltir i'r gogledd o Chupat. Yr oedd pobl eraill eisoes wedi ymgartrefu yn yr ardal honno ac yr oedd ei chysylltiadau â Buenos Aires yn fwy dibynadwy. Ond gwrthodwyd yr awgrym hwn ganddynt.

Ychydig a wyddai'r trefnwyr mai hanner y dasg yn unig fyddai canfod digon o bobl i ymsefydlu yn y wladfa Gymreig. Wrth i'r dyddiad ymadael agosáu, sylweddolwyd na fyddai'r *Halton Castle* yn barod mewn pryd. Nid oedd wedi dychwelyd o'i mordaith flaenorol. A'r holl fenter ar fin dymchwel, llwyddodd Michael D. Jones i logi llong arall, cliper o'r enw *Mimosa*, i gludo'r Cymry i Batagonia. Gan nad oedd y *Mimosa* wedi cario pobl o'r blaen, bu'n rhaid ei chymhwyso cyn y fordaith. Yr oedd y gost o logi'r llong yn unig yn £1,200, a dyblwyd y draul gan gostau'r paratoadau

24 Darlun o'r *Mimosa* a hwyliodd o Lerpwl ar 28 Mai 1865,
gan lanio ar draeth yn New Bay ar 28 Gorffennaf.

ychwanegol. Er mwyn talu'r costau hyn cymerodd Michael
D. Jones forgais o £1,000 ar y tir lle safai ei gartref, Bodiwan,
ac ar un o'r ffermydd a ddaeth iddo trwy ei briodas ag Anne
Lloyd. I goroni'r cyfan, llogwyd y llong ar y ddealltwriaeth y
byddai'r paratoadau yn cymryd dim mwy nag wythnos, ond
bu'n rhaid disgwyl am fis cyfan cyn ei bod yn addas ar gyfer
y daith. Ychwanegodd hyn at gostau Michael D. Jones
oherwydd iddo orfod talu am lety i'r ymfudwyr. Rhwng
popeth gwariodd oddeutu £2,500 er mwyn sicrhau bod y
fintai yn cychwyn ar ei thaith i Batagonia. Gydag amser
aeth y gwariant hwn yn drech nag ef, a chafodd effaith
andwyol ar ei berthynas â'r Wladfa ac ar ei waith fel
Prifathro Coleg yr Annibynwyr yn Y Bala. Ond y peth
pwysig ym mis Mai 1865 oedd fod y pwyllgor wedi llwyddo
i oresgyn ei holl anawsterau a bod y gwaith o sefydlu'r
wladfa Gymreig yn mynd yn ei flaen. I'r sawl a oedd ynglŷn
â'r anturiaeth, yr oedd yn amlwg mai Michael D. Jones oedd
biau'r clod am hynny. Mewn llythyr a ysgrifennodd ar fwrdd

y *Mimosa* cyn iddi adael dociau Lerpwl, ceisiodd Hugh Hughes esbonio'r helyntion annisgwyl a wynebwyd dros yr wythnosau blaenorol: 'Nis gellir beio y pwyllgor am hyn – ond meddianwyr yr *Halton Castle* – na chwaith y Parch M. D. Jones, Bala; ond yn hollol i'r gwrthwyneb, y mae y fintai gyntaf yn ddyledus i Mr. Jones am eu mynediad allan hyd yn oed ar yr adeg hwyrol hon.'

Ai teg, felly, fyddai galw Michael D. Jones yn 'Dad y Wladfa'? Nid ef oedd y cyntaf i ddadlau dros sefydlu gwladfa Gymreig, ac er iddo gael ei argyhoeddi ym 1848 ei fod yn achos teilwng, y mae'n amlwg nad ei fwriad cychwynnol oedd lansio mudiad i'r perwyl hwnnw. Ym 1856 ysgogodd fudiad yng Nghymru er mwyn cefnogi ymdrechion ei gyd-Gymry yn y Taleithiau Unedig, ond nid ef oedd ei arweinydd. Yn wir, ni ddatblygodd y mudiad gwladfaol yn ôl ei obeithion a'i ddisgwyliadau ef. Ei awgrym cyntaf oedd sefydlu gwladfa yn Oregon dan nawdd y llywodraeth Brydeinig, ond bu'n rhaid iddo fodloni ar Batagonia fel lleoliad iddi a cheisio canfod dulliau eraill o ariannu'r fenter. Credai hefyd mai'r Cymry yn America a ddylai arwain y ffordd i'r wladfa, ond wedi i'r mudiad ddymchwel yn y Taleithiau Unedig bu'n rhaid iddo dderbyn mai trigolion ei famwlad a fyddai'n ei harloesi. Gobeithiai y byddai'r cyhoedd yn dangos eu cefnogaeth i'r fenter trwy gyfrannu'n ariannol ati, ond bu'n rhaid iddo dalu o'i boced ei hun er mwyn anfon archwilwyr i Dde America ym 1862, ac er mwyn sicrhau na fyddai ei fuddsoddiad yn ofer cynigiodd delerau i lywodraeth Ariannin na fuasai wedi ystyried eu derbyn cyn hynny. Nid oedd Michael D. Jones wedi dychmygu ychwaith y byddai'r mudiad yn wynebu'r fath drafferthion yn y misoedd cyn ymadawiad yr ymfudwyr cyntaf, ac y byddai'n rhaid iddo wario cymaint o'i arian er mwyn sicrhau na fyddai'r cwbl yn troi'n fethiant ar y funud olaf. Ni ellir, felly, roi'r clod am y fenter arwrol hon iddo ef yn unig, a thecach fyddai cyfeirio hefyd at unigolion fel

Hugh Hughes, Lewis Jones ac Edwin Roberts a wnaeth gyfraniadau allweddol i'r gwaith o sefydlu'r wladfa. Eto i gyd, oni bai am benderfyniad ac ymroddiad Michael D. Jones ni fyddai'r *Mimosa* wedi gadael dociau Lerpwl ym mis Mai 1865 gydag arloeswyr y wladfa Gymreig ar ei bwrdd.

DARLLEN PELLACH

Alun Davies, 'Michael D. Jones a'r Wladfa', *Trafodion Anrhydeddus Gymdeithas y Cymmrodorion* (1966).

D. Gwenallt Jones, 'Michael D. Jones', *Triwyr Penllyn*, gol. Gwynedd O. Pierce (Caerdydd, 1956).

E. Pan Jones, *Oes a Gwaith y Prif Athraw, y Parch Michael Daniel Jones, Bala* (Y Bala, 1903).

Lewis Jones, *Hanes y Wladva Gymreig: Tiriogaeth Chubut yn y Weriniaeth Ariannin, De Amerig* (Caernarfon, 1898).

R. Tudur Jones, 'Michael D. Jones a Thynged y Genedl', yn Geraint H. Jenkins (gol.), *Cof Cenedl: Ysgrifau ar Hanes Cymru* (Llandysul, 1986).

Elvey Macdonald, *Yr Hirdaith* (Llandysul, 1999).

Glanmor Williams, 'A Prospect of Paradise? Wales and the United States of America, 1776–1914', yn idem, *Religion, Language and Nationality in Wales* (Caerdydd, 1979).

Glyn Williams, *The Desert and the Dream: A Study of Welsh Colonization in Chubut, 1865–1915* (Caerdydd, 1975).

Glyn Williams, *The Welsh in Patagonia: The State and the Ethnic Community* (Caerdydd, 1991).

R. Bryn Williams, *Y Wladfa* (Caerdydd, 1962).

'HEB DDIM PAENT NAC YMDRECH I ORLIWIO': DARLLEN *HEN WYNEBAU* D. J. WILLIAMS FEL HANES

T. Robin Chapman

'Rhaid inni bwyso hanes yn llawn felly cyn y gallwn ni werthfawrogi pwys llenyddiaeth. Ond hwyrach fod y gwrthwyneb yn wir, sef fod yn rhaid inni ddeall gwerth ac arwyddocâd llenyddiaeth cyn y gallwn lawn fesur hanes.'

M. Wynn Thomas, 'Pwysau Llên a Phwysau Hanes', yn John Rowlands (gol.), *Sglefrio ar Eiriau* (Llandysul, 1992), t. 20.

Gorffennol Cymru lawn gymaint â'i dyfodol oedd maes ymgiprys cyntaf a thaeraf y Blaid Genedlaethol Gymreig – Plaid Cymru fel y daethpwyd i'w hadnabod – pan sefydlwyd hi ym 1925. Cyn iddi bennu ei pholisi economaidd a'i safiad ar briodoldeb gweithredu anghyfansoddiadol, cyn iddi ddiffinio natur cydberthynas yr ardaloedd Cymraeg a di-Gymraeg a statws y ddwy iaith, cyn iddi roi ymgeisydd ar y maes mewn etholiad a hyd yn oed sefydlu cangen, yr oedd ei sylfaenydd amlycaf eisoes wedi rhoi cynnig ar greu hanesyddiaeth iddi hi ar ffurf epig gywasgedig mewn tair cyfranc. 'Gwlad yw Cymru', datganodd Saunders Lewis yn ei ddarlith ar 'Egwyddorion Cenedlaetholdeb,' yn ysgol haf gyntaf y blaid ym Machynlleth ym 1926, 'a fu unwaith yn rhan o Ymerodraeth Rufain ac a etifeddodd wareiddiad Lladin Ewrob. Yna, fe'i darostyngwyd gan elynion a chollodd erbyn y drydedd ganrif ar ddeg bob rhith annibyniaeth. Pan wnaed Cymru yn rhydd ac yn rhan o Loegr dan y Tuduriaid, cafodd ergyd farwol.'

Wrth dadogi gwae Cymru ar y Tuduriaid cyhoeddai Lewis genadwri chwyldroadol ddigon ond nid un gwbl newydd ychwaith. Yr oedd Ambrose Bebb wedi herio'r uniongrededd teleolegol Edwardaidd – neu O. M. Edwardsaidd – a fynnai mai gwaredigaeth rhag gormes y Sais oedd Deddf Uno 1536 ac estyn breintiau cyfartal i Gymru a Lloegr dan y Goron, ddwy flynedd cyn hynny. I Bebb, mewn ysgrif a gyhoeddwyd yn *Y Llenor* ym 1924, y Ddeddf Uno oedd 'Trydedd Anffawd Fawr Cymru', ar ôl cwymp Llywelyn ym 1282 ac esgyniad Harri Tudur i orsedd Lloegr ym 1485. Trwy'r Ddeddf Uno, meddai, dygwyd Cymru i 'synagogau gwleidyddiaeth' y gyfundrefn seneddol Seisnig. Eto i gyd, yr oedd darlleniad Lewis o hanes yn wahanol i un Bebb o ran pwyslais a goblygiadau. Yr hyn a gyhoeddodd Lewis yn 'Egwyddorion Cenedlaetholdeb' oedd nid yn unig ddiwedd Cymru fel cenedl ym 1536 ond terfyn hefyd ar ei hanes gwleidyddol

131

byth oddi ar hynny. Bu hanes yng Nghymru, wrth reswm, y gellid yn gyfiawn ei alw'n hanes Cymreig gan mai ar dir Cymru y digwyddodd: cafwyd y Beibl Cymraeg, diwygiadau a gwrthddiwygiadau; a'r llu sefydliadau hynny yn dwyn enw Cymru, megis llyfrgell a phrifysgol, bwrdd addysg, eisteddfod a thimau rygbi a phêl-droed; bu diwylliant cynhenid Cymreig hefyd; ond nid nodau angen cenedl oedd y pethau hyn. Hanfod cenedligrwydd Cymru, yn hytrach, oedd y priodoleddau hynny a oedd yn eiddo iddi adeg ei chymathu bedair canrif ynghynt: ei hiaith, ei phendefigaeth a'i gwerin, ei Christnogaeth Gatholig a'i threftadaeth Ewropeaidd. Gyda'r Ddeddf Uno, rhwygwyd y rhain o'u cyd-destun a'u rhewi'n fyw. Cenhadaeth y blaid newydd fyddai tynnu Cymru o'r hylif hydrogen a'i gosod i ddadmer yn yr heulwen Ladinaidd.

Y *stasis* cenedlaethol hwn – y darlun o Gymru a oedd wedi peidio â bod yn wleidyddol, heb gynnydd na dirywiad, megis cloc wedi stopio ar awr y ffrwydrad yng nghanol y rwbel – oedd cryfder a gwendid Lewis fel gwleidydd ymarferol. Fe'i galluogai yn un peth i ddianc rhag idiom ysbrydol gwladgarwch Cymreig y bedwaredd ganrif ar bymtheg a'i sôn am ddeffroad a thrwmgwsg, gwawr a machlud, damnedigaeth ac achubiaeth, codi'r faner a dadweinio'r cledd. Fe'i diheintiai hefyd rhag temtasiwn barod cenedlaetholdeb blynyddoedd canol yr ugeinfed ganrif ledled Ewrop i ddeall cenedligrwydd yn nhermau purdeb gwaed a thynged ddwyfol cenhedloedd a phobloedd, ac fe'i cadwai hefyd rhag coleddu cwlt yr unben. Ond yr hyn a aberthodd Lewis, nes iddo ei ganfod yn ei aberth ei hun ar safle plasty Penyberth ym 1936, oedd dim a daniai'r dychymyg ar ffurf symbol o'r hyn a gollwyd union bedwar can mlynedd cyn hynny. Y mae rhywun yn chwilio'n ofer yn *Canlyn Arthur*, y detholiad o ysgrifau a gyhoeddodd Lewis 'yn dystiolaeth i'r pethau y credaf ynddynt ac yn eglurhad ar egwyddorion cenedlaetholdeb Cymreig', am yr un therm o angerdd, yr un ymadrodd lliwgar neu ddelwedd drawiadol, neu'r un sill o stori ond honno sy'n adrodd dyfalwch Lewis ei hun yn ewyllysio Cymru rydd yfory trwy chwilio yn yr adfeilion am y nesaf peth i batrwm bywyd amaethyddol, cydweithredol, teuluol ac uniaith Cymru fu. Nid oes naratif am na ellir adrodd stori diddymdra.

Er gwaethaf eu parchedig ofn o Lewis, neu o bosibl oherwydd camddeall ei genadwri, neu eto oherwydd synhwyro na ellir cenedl heb stori genedlaethol ddi-dor yn gynsail iddi, yr oedd eraill yn y Blaid Genedlaethol a fynnai lenwi'r bwlch rhwng 1536 a 1926 â'u penodau eu hunain, a feiddiai ddathlu ambell Nadolig yn hirlwm tragwyddol y Narnia hon o Gymru. I Iorwerth Peate, yr oedd parhad hunaniaeth Gymreig i'w weld yn ei phensaernïaeth a'i hysbryd crefft. Tebyg oedd canfyddiad Kate Roberts, a aeth yn llywydd 'Merched y Blaid' ym 1926 ac a restrodd, o fis i fis yn ei cholofn i'r *Ddraig Goch*, olion y wir Gymru yn ei bwydydd cynhenid, ei melinau gwynt, y ddawn i gwiltio, gwnïo patrwm pysgodyn ar hosan, 'cwicio' hetiau, a'r eirfa Gymraeg gyfoethog a oedd ynghlwm wrth y crefftau domestig hyn. Arweiniodd Roberts ymgyrch ar dudalennau'r papur i adfer o dai mawr Lloegr i Gymru hen ddodrefn brodorol y gwelai yn eu llinellau 'gymeriad oes a chenedl'. Canfu J. Dyfnallt Owen, yn ysgrifennu fel 'Lleferydd y Blaid Genedlaethol' yn *Yr Efrydydd* ym Mawrth 1927, genedligrwydd Cymru yn ei pherthynas â'r gwledydd Celtaidd, ac anogodd frwydr yn erbyn 'imperialaeth y Tiwton'. Mewn cyfres o erthyglau i'r *Ddraig Goch* trwy 1926, clywai J. Arthur Price, un o hoelion wyth Cymru Fydd genhedlaeth ynghynt, adlais o'r Gymru rydd yn sefydliad yr Eglwys Wladol cyn cyflafan Datgysylltiad – yn enwedig felly yn y gweddau mwyaf uchel-eglwysig arni – tra daliai A. Lynn Ungoed-Thomas yn 'The Welsh Nation and English Rule' yn y *Welsh Outlook* ym mis Mai yr un flwyddyn fod Cymru wedi parhau'n genedl am na chafodd ei hudo erioed gan eglwys y wladwriaeth Seisnig. Lleisiodd Cymru ei hannibyniaeth trwy ddewis yn hytrach symud 'directly' o Gatholigiaeth i Anghydffurfiaeth: 'Thus the Welsh, who were denied a political polity, expressed their political genius in a religious polity, always in opposition to the English.' Fe'i hategwyd gan unig hanesydd wrth grefft y blaid ifanc, Ambrose Bebb, a welodd yntau gysgod cenedligrwydd yn y Diwygiad Methodistaidd pryd y cafodd y Cymry '[f]yw yn ôl ein bryd ein hunain', ac a welai obaith am adfywiad pellach trwy roi heibio 'opiwm' a 'gwenwyn' democratiaeth seneddol fel y gwnaed eisoes yn Sbaen Primo de Rivera, Rwsia Lenin, a'r Eidal dan Mussolini. 'O'r gorffennol y daw goleuni inni. Tynnwn wersi ohono.'

Yr hyn a geisir yma yw dadlau dros gynnwys D. J. Williams ymhlith yr haneswyr hynny a geisiodd adolygu darlun trylwyr adolygiadol Saunders Lewis o hanes Cymru. Rhoddir cynnig ar ddarllen *Hen Wynebau* Williams i oleuo nid y micro-hanes personol tybiedig yr amcana ei adrodd am gornel o sir Gaerfyrddin gyda golwg dwbl cof plentyn ac ymwybyddiaeth oedolyn, ond i ddarllen hanes degawd cyntaf Plaid Cymru. Y nod yw ei ddarllen fel testun allweddol yn hanes deallusol cenedlaetholdeb Cymreig. I'r graddau hyn, y bwriad yw gwneud rhywbeth sydd yr un pryd ychydig yn fwy petrus a rhywfaint yn fwy uchelgeisiol na'r hyn a hawlir gan M. Wynn Thomas yn yr ail frawddeg a geir ar ddechrau'r ysgrif hon. Er na ellir byth, debyg, 'lawn fesur hanes', gellir yn sicr ddigon ddefnyddio llenyddiaeth yn dystiolaeth 'arwyddocaol' am ddigwyddiadau yn y gorffennol.

Cyhoeddwyd *Hen Wynebau* ym 1934. Cynnwys naw portread o gymeriadau cefn gwlad gogledd sir Gaerfyrddin (a chi defaid a cheffyl yn eu plith), ynghyd ag ysgrif fwy cyffredinol ei naws ar 'Y Tri Llwyth', sef prif deuluoedd plwyf genedigol, neu 'Hen Ardal' yr awdur yn Rhydcymerau. Fe'u seilir ar atgofion plentyndod D. J. Williams yn niwedd eithaf y bedwaredd ganrif ar bymtheg, a storïau a gasglodd wedi hynny. Hyd y darnau ar gyfartaledd

25 David John Williams (1885–1970), y digymar D. J.
Digriflun gan R. Ll. Huws, Mai 1937.

yw tua 2,000 o eiriau yr un, ac y mae 'Tri Llwyth' ryw bedair gwaith hynny eto, gan wneud cyfrol heb fod dros 25,000 o eiriau o glawr i glawr. Ymddangosodd y portread cyntaf o'r naw, 'John Trôdrhiw: gwladwr o Gymro' (hepgorwyd yr is-deitl yn y gyfrol), yn rhifyn Mawrth 1927 o'r *Ddraig Goch*, a gwelwyd y gweddill am y tro cyntaf ar ddudalennau'r *Llenor* a'r *Western Mail* rhwng 1930 a 1933.

Y mae'n destun sy'n ein gwahodd i'w ddarllen fel hanes oherwydd ei amwysedd. Er bod idiom *Hen Wynebau* yn dwyn nodau angen llenyddiaeth (y dywedir rhagor amdanynt yn y man), eiddo hanesydd yw'r cymhelliad a'r cyfiawnhad dros ei gyfansoddi. Cyfrol yw hi am bobl o gig a gwaed a fu unwaith yn byw mewn cymuned neilltuol ar adeg neilltuol yn hanes Cymru. Yn wir, adnabyddiaeth Williams ohonynt 'heb ddim paent nac ymdrech i orliwio o gwbl' sy'n rhoi i *Hen Wynebau* ei ddilysrwydd, ei hawl i lefaru. Ffaith byw a marw y bobl hyn yn y byd go iawn y tu allan i'r testun yw trwydded yr awdur, a oedd yntau yn eu hadnabod yn y byd hwnnw, i fynnu sôn amdanynt ym myd caeedig y gwaith. Pan godwyd y posibilrwydd gan Aneirin Talfan Davies mewn cyfweliad teledu fod D. J., hyd yn oed 'mewn rhyw ffordd neu'i gilydd' wedi 'rhamanteiddio' y bobl a'r anifeiliad yn ei ysgrifau, fe'i hatebwyd yn bur bendant: 'mae [*sic*] nhw fel 'ro'n nhw'. Cyfansoddwyd *Hen Wynebau* yn ei dro yn ddigon pell oddi wrth y byd hwnnw i wneud y tyndra rhwng y gorffennol a'r presennol yn ganolbwynt, nid yn unig sy'n caniatáu persbectif llenyddol (hiraeth) gŵr a oedd ar y pryd yn fwy adnabyddus am ei ysgrifau ar bynciau gwleidyddol a chymdeithasol nag fel llenor. Amwys hefyd yw ei ddarllenydd dealledig. Diau yr ysgrifennwyd *Hen Wynebau* gan D. J. Williams yn y gobaith y byddai, fel llenyddiaeth, yn goroesi amgylchiadau penodol ei greu; ond fe'i hanelwyd at ei gyfoeswyr o Gymry Cymraeg yn niwedd y dauddegau a dechrau'r tridegau a fu hwythau naill ai'n dystion i bobl debyg neu a dybiai fod arwyddocâd ynddynt.

Yr arbrawf yn yr ysgrif hon, felly, fydd ceisio didoli'r cynnwys a'r cyd-destun hanesyddol oddi wrth yr elfennau llenyddol a chynnig darlleniad amgen ar eu sail. I wneud hynny rhaid 'difreinio' *Hen Wynebau* yn yr ystyr o warafun iddo ei statws neilltuol, *noli-me-tangere* fel 'llenyddiaeth atgof', yng ngeiriau Pennar Davies. Mater yw o feithrin y ddawn wrth-reddfol i wneud yn fach o'r nodweddion amlycaf sydd ynddo. Yn un peth, rhaid ceisio anwybyddu'r lle blaenllaw a roddir ynddo i gampau geiriol, y ffraethineb ymwthgar, yr ymgais i ddiddanu. Rhaid darllen heibio iddo hefyd fel testun cyflawn a gorffenedig sy'n haeddu sylw er ei fwyn ei hun, a synio amdano yn hytrach fel gwaith y gellir yn gyfiawn ei feirniadu am beidio â bod fel arall, am hepgor pethau a gorbwysleisio eraill, am fod ar fai am fod yn rhannol. Ochr yn ochr â hyn, rhaid ymdrechu i beidio â meddwl am *Hen Wynebau* fel testun mimetig sy'n efelychu neu sy'n rhoi cynnig ar ddangos y byd, eithr fel testun diaegetig, ymrwymedig sy'n mynegi barn y gellir cytuno neu anghytuno â hi. Yn baradocsaidd, efallai, rhaid ceisio ei ddinoethi o'i arwyddocâd hefyd, neu yn hytrach adleoli'r arwyddocâd hwnnw, trwy beidio â'i ddarllen fel testun sy'n traethu gwirionedd oesol am y natur ddynol neu am dreigl amser neu am yr hiwmor lleddf sydd i'w gael bob amser pan fo dyn yn ei oed a'i amser yn edrych yn ôl arno ef ei hun a'i ganfyddiad o'r byd yn ystod ei blentyndod. A'r cam olaf yn y weithred hon o ddadlenyddu yw ceisio anghofio am statws lled-ganonaidd *Hen Wynebau* fel clasur modern.

Y mae modd difreinio neu 'ddadlenyddu' *Hen Wynebau* mewn tair ffordd. Yn gyntaf, trwy osod y gwaith yng nghyd-destun ei greu, a dod ato fel cynnyrch awdur neilltuol ar adeg neilltuol yn ysgrifennu dan amgylchiadau neilltuol, yn hytrach nag fel ffrwyth sylwgarwch a dawn mynegiant sy'n goroesi amser. Yn ail, trwy geisio gweld beth a erys ohono ar ôl ysgaru'r gyfrol oddi wrth bersonoliaeth ei awdur a'r ddelwedd ohono sydd wedi lliwio ei gynnyrch ac ymateb eraill iddo. Ac yn drydydd, trwy geisio darllen y portread cyfansawdd hwn o gymdeithas wledig am yr hyn sydd *heb* fod ynddo, am yr wynebau nad ydynt yn ffitio, am y testun nad yw'n bod.

Gellir deall arwyddocâd cyd-destun *Hen Wynebau* orau, efallai, trwy droi eto at yr hyn a ddywedwyd uchod am ei *genre* amwys. Saif y gyfrol yn union deg ar y ffin rhwng propaganda gwaith cynnar Williams mewn cyfnodolion, a ffuglen aeddfed *Storïau'r Tir* yn nilyniant ei ganon personol.

Fel sylwebydd ar droeon hanes, ei waith cyhoeddedig cynharaf – ei *juvenilia*, os priodol y gair am gynnyrch gŵr ar drothwy'r 30 oed – oedd y darnau golygyddol hynny yn *Y Wawr*, cylchgrawn Coleg Prifysgol Cymru, Aberystwyth, ym 1914 a 1916, a arweiniodd yn y pen draw at ddiddymu'r cylchgrawn gan yr awdurdodau. Cyhoeddwyd ysgrif 'Y Brifysgol a Chymru Fydd' yn y rhifyn cyntaf, ar derfyn eithaf yr haf Edwardaidd a chyn i'r Rhyfel Mawr dorri. Ei thema, drawiadol ddigon ar y pryd, yw Seisnigrwydd Prifysgol Cymru. Ynddi, dadleua Williams mai gwisgo sylwedd am freuddwyd Owain Glyndŵr oedd sefydlu prifysgol ond bod perygl i'r genhedlaeth bresennol beidio â pharchu amcanion ei sylfaenwyr. Geilw'r brifysgol yn 'rhan a chyfran o'r genedl ei hun', ac er na sonia sut yn union y mae'r parch hwnnw i'w fynegi ei hun, dywed ddigon i amlygu cred drwyadl anSaundersaidd fod 'deffroad' neu 'adfywiad' cenedlaethol eisoes ar droed, bod Cymru 'mewn adwy bwysig yn hanes ein cenedl', bod gan y Cymry genhadaeth unigryw i'r byd ac mai eiddo'r Cymry fydd penderfynu eu tynged eu hunain trwy rym eu hewyllys. Cyrch yw'r ail ysgrif, 'Y Tri Hyn', ddwy flynedd yn ddiweddarach, ar y meddylfryd teyrngar – 'efengyl y dydd' – a fyn gollfarnu Almaenwyr, Sinn Ffeiniaid a gwrthwynebwyr cydwybodol – a'r olaf o'r tri yn neilltuol – am herio prosiect yr Ymerodraeth adeg rhyfel. Unwaith eto, sylfaen yr her yw cenadwri hanesyddol y Cymro a'r llam dychmygus yn ei sgil:

Pe meddiennid ni yng Nghymru â thraean o ddewrder a fflam anniffodd y Gwyddel am ryddid, trylwyredd diffuant a phenderfyniad didroi-yn-ôl yr Ellmyn, yn ogystal â gwroldeb a grym moesol y gwrthwynebwyr cydwybodol, byddem yn allu i symud y byd. Ond tra bodlonwn yn unig ar chwifio rhubanau yn wallgof rywle, yn rheng hir yr Ymerodraeth gan lwyr anghofio ein neges uwch i'r byd, er i ni fel y corach [sic] hwnnw gynt a gynorthwyai'r cawr yn ei frwydrau, ennill rhyw gymaint o glod, ar y pryd, am yr hyn a elwid yn gyffredin yn wrhydri, eto, cenedl eiddil a marw a fyddwn, a threngwn dan olwynion *Juggernaut* yr Ymerodraeth, a'n llygaid yn feirwon i'r gwagle heb yr un weledigaeth mwyach, a'n neges am byth yn fud.

Pan aeth Williams ati i ddehongli'r rheswm paham y bu rhyfel, yn yr ysgrif 'Y Gagendor' a gyfrannodd i gylchgrawn Mudiad Cristnogol y Myfyrwyr, *Yr Efrydydd*, ym 1923, fe'i canfu mewn anufudd-dod ysbrydol byd-eang yn erbyn rhagluniaeth Duw: 'Caed cynllwyn, dichell, a thrachwant yn lle gonestrwydd rhwng y gwledydd . . . Ac yng nghyflawnder yr amser oherwydd bod y pethau hyn yn groes i ryw arfaeth ddwyfol, ni a gredwn, sy'n goruwch reoli'r cyfan, y daliwyd y bobloedd gan dynged o'u gwead eu hunain. Agorodd uffern ei safn fel gagendor i lyncu bychander dyn.' Cyfyng-gyngor y byd yn sgil y Rhyfel Mawr fydd cyfle mawr Cymru, 'gwlad yr efengylu a'r diwygiadau yn anad un genedl arall', i chwarae ei rhan unigryw hi mewn hanes, os myn ei chydnabod ei hun yn genedl:

> Y mae digon o adnoddau ysbrydol yn perthyn inni i danio'n hathrylith genedlaethol yn goelcerth i oleuo'r gwledydd, petai gennym y ffydd a'r cryfder gofynnol yn gystal . . . Cenedl ddewraf a mwyaf arwrol y dyfodol a fydd y genedl honno a ddiosgo'i harfau gyntaf . . . Dyma briffordd gwareiddiad ac unig ffordd iechydwriaeth dyn. Cerdded Cymru ar hyd-ddi fel y dilyno'r gwerinoedd,

Gwaeth nag ofer yw canu am y 'ffordd newydd wnaed gan Iesu Grist' ac ofni mentro prin gam ar ei phalmant.

Y mae perygl bob amser i eiriogrwydd Williams draflyncu'r meddwl sydd yn ei waith. Diau fod digon yn y dyfyniad uchod, hyd yn oed wedi cymryd yr elipsisau i ystyriaeth, i awgrymu sut y cyflawnodd Williams y gamp ddwbl – gyda *Mazzini* ac eto yn achos *Codi'r Faner* – o gyflwyno gwaith comisiwn dros flwyddyn yn hwyr a thraean yn fwy na'r gofyn. Yma, y geiriogrwydd i raddau helaeth yw'r gamp. Yn 'Y Gagendor' gwelir impio sensibiledd gwrth-ymerodrol, heddychol, cenedlaetholgar a Christnogol rhyddfrydig ar ddisgwrs sy'n eiddo i feddylfryd gwladgarol, Prydeinig, enwadol, dof. Arian bath gwladgarwch telynegol didramgwydd 'Cymru Fu, Cymru Fydd' John Morris-Jones, er enghraifft, yw 'adnoddau ysbrydol' ac 'athrylith genedlaethol' uchod a dwsin neu ragor o ymadroddion tebyg, megis 'y neb a wêl yn ysbrydol' ac 'arfaeth ddwyfol'. Fe'u hategir gan ffug-herfeiddiwch gosodiadau megis cyhuddo 'crefydd yng Nghymru' o fod 'wedi mynd yn beth sobor o barchus ac oherwydd hynny yn beth sobor o sâl', a dogn helaeth o ddyfyniadau a chyffyrddiadau beiblaidd. Y mae'n dechneg sy'n dwyn i gof herwgipio'r arwyddair 'power to the people' gan Thatcheriaeth yn y 1980au.

Yn eu perthynas â ieithwedd lywodraethol chwarter cyntaf yr ugeinfed ganrif y mae deall orau, efallai, y gwahaniaeth rhwng cenedlaetholdeb Saunders Lewis ac eiddo Williams. Yn 'Egwyddorion Cenedlaetholdeb' y mae Lewis fel petai'n drwgdybio a ydyw adnoddau'r iaith yn gyfled â newydd-deb ei weledigaeth. Caiff ei bryder lais mewn obsesiwn â pharadocs, megis cyhoeddi mai'r perygl mwyaf i genedlaetholdeb Cymreig yw'r cysyniad o genedlaetholdeb ei hun; neu fynnu 'nid annibyniaeth, ond rhyddid' yn nod, cyn ychwanegu, megis peintiwr na all ymatal rhag dwbiad arall o baent ar gynfas orffenedig, mai 'ystyr rhyddid yn y mater hwn yw cyfrifoldeb'. Dull Williams, ar y llaw arall, yw gwneud geirfa'r Cymro Prydeinig, bodlon, cymodlon yn gyfrwng i'w ffordd amgen yntau o synio am y byd.

Ni cheir gwell amlygiad o'r gwahaniaeth rhwng Williams a Lewis na dwy ysgrif a ysgrifennodd y ddau yn y ddwy flynedd o boptu sylfaenu'r Blaid Genedlaethol ym 1925: 'Cenedligrwydd a Chrefydd' D. J. Williams (a gyhoeddwyd yn wreiddiol yn *Yr Efrydydd* ym 1924) a 'Cenedlaetholdeb a Chyfalaf' Lewis (yn rhifyn cyntaf *Y Ddraig Goch* ym mis Mehefin 1926).

Propaganda sydd yn y ddwy, a'r un yn ei hanfod yw eu dull o argyhoeddi. Yn y ddau achos awgrymir bod modd deall dirgelwch perthynas dyn â'i genedl trwy gyfrwng rhywbeth mwy cyfarwydd (a llai bygythiol): profiad crefyddol (Williams) neu ymgeledd dyn am ei gyd-ddyn (Lewis). Tebyg hefyd yw disgwrs yr ysgrifau: dyn fel 'bod cymdeithasol' ac 'ysbrydol', pwysigrwydd 'hanes' a rheidrwydd 'traddodiad' (y cyfan gan Williams a Lewis ill dau), a chyfraniad cenedlaetholdeb/cenedligrwydd at roi cyfle i Gymru fyw 'mewn ystyr gyflawn' (Williams) a 'bywyd llawn, gwaraidd, dedwydd, cain' (Lewis).

Mwy diddorol a dadlennol yw'r gwahaniaethau rhyngddynt, o ran tymer yr awdur, priodweddau'r darllenydd dealledig ac adeiledd y testun. Nod angen ysgrif 'Cenedlaetholdeb a Chyfalaf' Lewis yw ei hysbryd ymataliol. Sylfaena Lewis ei awdurdod ar y gwrthrychedd tybiedig sydd mewn dilyn pwnc *ad fontes*. 'Pan gychwynnom fudiad politicaidd', dywed yn ei frawddeg agoriadol, a'r modd dibynnol yn awgrymu mai ystafell seminar rhagor papur plaid yw'r cyfrwng, 'peth da yw bod yn sicr o'n seiliau.' Y seiliau a bwysleisia yw'r rhai y cymer eu bod yn gyffredin rhyngddo a'i ddarllenydd: 'Yr ydym yn Gristnogion mewn gwlad Gristionogol . . . Delfrydau Cristnogaeth a bennodd

26 'Y Tân yn Llŷn': llun a dynnwyd o J. E. Daniel, D. J. Williams, Lewis Valentine, Saunders Lewis, E. V. Stanley Jones, Ben Owen, R. O. F. Wynne a H. Francis Jones rhwng y ddau achos llys.

ein meddwl.' Wedi diffinio'r delfrydau hyn – 'i ddynion fyw
yn ddedwydd ac yn urddasol a chyflawni amcan eu creu' –
try at sail arall, gan fabwysiadu y tro hwn y trydydd person
anthropolegol. Byw mewn cymdeithas yw rheidrwydd a
chynhaliaeth dyn i gyflawni amcan ei greu, a'r genedl –
casgla trwy gau-gyfresymiad deheuig – yw'r 'ffurf normal ar
gymdeithas yn Ewrop. Honno a gafwyd bellach trwy brofiad
cenedlaethau yn ddigon bach i'w hanwylo ac yn ddigon
mawr i ddynion fyw'n llawn ynddi.' Wedi ailddiffinio dyn fel
'[c]ynnyrch y genedl . . . yn etifedd, yn fonheddwr', â rhagddo
i ddadlau mai ceidwad ydyw hefyd. Amod y cadw a'r parhad
yw cyfalaf. 'A'r genedl sy'n creu cyfalaf . . . Y mae'n briodol i
fwyafrif gweithwyr cenedl fod hefyd yn gyfalafwyr. Hynny
yn unig a wedda i urddas a dedwyddwch dyn.' Adfer Cymru
fel gwlad o fân gyfalafwyr – a difa 'cyfalafiaeth', sef canoli
eiddo yn nwylo'r ychydig – fydd rhagamod adfer Cymru fel
cenedl 'iach'. O newid ei chynseiliau economaidd, 'meithrin
nifer helaeth o gyfalafwyr bychain, a dileu'n llwyr ddosbarth
y cyfalafwyr mawrion', cyfyd Cymru deilwng o'r enw.

Dadl yw hon y mae'r tyllau ynddi'n amlycach na'r gwead
sy'n ei dal wrth ei gilydd. Am ei bod, er enghraifft, yn
rhagdybio continwwm rhwng y cyfalafwyr bychain sy'n
foddion gwaredigaeth y genedl Gymreig a'r cyfalafwyr mawr
sy'n atalfa arni, teg gofyn pa mor fawr y caiff cyfalafwr fod
cyn croesi'r ffin rhwng bod yn fendith a bod yn felltith.
Cwestiwn cyfiawn arall, yn niffyg sôn am ddeddfwriaeth i
wireddu'r amcan, yw pa fath o genedl yw'r 'gymdeithas rydd
a dyledog' a grëir gan bolisi economaidd o'r fath (a bwrw bod
modd dwyn y fath gyflwr i fod)? Ai cenedl-wladwriaeth rydd
fydd hon, ynteu rhith-genedl ddirfodol, ynteu rhywbeth arall
eto? Cwestiynau teg, efallai, ond amherthnasol: traw yr
ysgrif rhagor ei hansawdd sy'n ddiddorol yma. Y mae'n eglur
o ddilyn llinyn meddwl Lewis ynddi mai ei ddarllenydd
dealledig yw rhywun sy'n sgeptig yn ystyr fwyaf cadarnhaol
y gair hwnnw, sy'n derbyn ymresymiad sylfaenol yr ysgrif, ac

sy'n ddigon deallus i'w dilyn o gam i gam pwyllog, mewn ysbryd o gydymdeimlad ac nid ychydig o edmygedd. Rhan o ddawn rethregol Lewis yn ei feirniadaeth – ar lenyddiaeth a gwleidyddiaeth fel ei gilydd – yw'r gallu i beri i'w ddarllenydd ymfalchïo bod rhinwedd arbennig ynddo'i hun, o fod wedi cyd-deithio cyhyd yng nghwmni meddwl mor fawr.

Darllenydd dealledig tra gwahanol, od o oddefol, sy'n cael ei dargedu yn 'Cenedligrwydd a Chrefydd'. Saif hwnnw parthed y testun megis un o dorf yn gwrando ar lais trwy gorn siarad. Gofynnir iddo roi rheswm o'r neilltu gyda'r frawddeg gyntaf: 'O'r ysbryd y mae cenedligrwydd yn ogystal â chrefydd', myn Williams, 'peth i'w deimlo yn hytrach na'i ddeall ydyw.' Â ymlaen i fynnu goruchafiaeth teimlad ar ddeall, gan alw Shakespeare, Wordsworth, Crist a'r Apostol Paul yn dystion. Ac wedi darbwyllo ei ddarllenydd trwy nerth bôn braich tystiolaeth lethol o werth teimlad mewn perthynas â chrefydd, myn fod yr un peth yn wir am y teimlad cenhedlig:

> Cenedligrwydd ynteu yw ymwybyddiaeth dyn o'i berthynas â'i genedl. Crefydd yw ymwybyddiaeth parthed ei Dduw. Ac ni all dyn fyw mewn unrhyw ystyr gyflawn ar wahân i'w genedl lle yr hanoedd ei wareiddiad a'i ddatblygiad fel bod cymdeithasol, mwy nag y gallai ef fyw ar wahân i'w Dduw yr hanoedd ohono fel bod moesol ac ysbrydol. Gall dybio ei fod yn gwneuthur hynny os myn, fel y gwna llawer. Ond ei dwyllo ei hun y mae.

Ac yn yr un modd ag y mae dyn ar adegau neilltuol o argyfyngus 'pan fo hi wedi dod i'r pen arno' yn profi angen taer am Dduw, felly hefyd y mae yn achos cenhedloedd. 'A phan dybio dyn, a chenedl hefyd, ei fod ar fin colli popeth, dichon nad yw ond ar fin ennill ei enaid, ac o hynny ennill popeth.'

Yn eu hymwybyddiaeth o'u gwendid y mae gobaith dyn a chenedl, felly – ac wedi peth taranu yn erbyn crefydd gyfun-

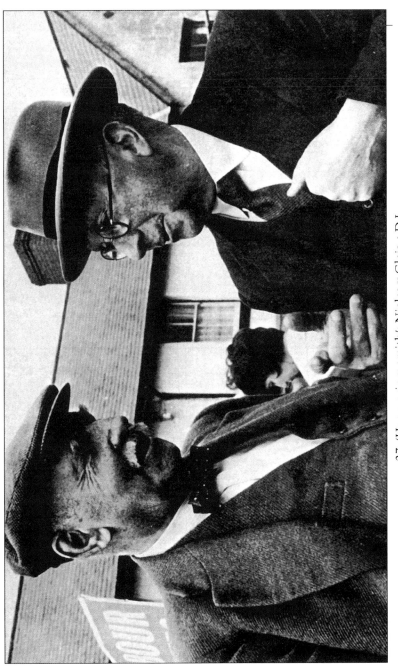

27 'Hen werin y graith': Niclas y Glais a D J.

drefnol, dwg Williams geffylau gwedd crefydd a chenedlig-
rwydd i ben y dalar:

Cenedligrwydd yw ffydd freiniol dyn yng ngwerth
traddodiadau ei orffennol. Crefydd yw ei ffydd freiniol
yn Nuw ac yn etifeddiaeth tragwyddoldeb i'w enaid.
Rhaid yw wrth y naill fel y llall i ddatblygu'r gorau
ynddo fel creadur amser a chreadur tragwyddoldeb i'w
cyflawn dŵf [sic].

Gwneud creaduriaid amser yn greaduriaid tragwyddoldeb
yw prosiect *Hen Wynebau*, ac yn yr un modd ag y
meddiannodd Williams ddisgwrs crefyddol poblogaidd ei
ddydd i ddibenion cenedlaetholdeb yn ei ysgrifau, gwlad-
ychodd agwedd ar ei ddiwylliant poblogaidd i'r un perwyl
yma. Ymddangosodd *Hen Wynebau* wrth gwt chwiw
gyffredinol am bortreadau o gymeriadau cefn gwlad yn y wasg
gyfnodol. Hafan y *genre* oedd *Cymru* O. M. Edwards, a
neilltuai dudalen neu ddau bob mis ym mlynyddoedd
agoriadol yr ugeinfed ganrif i glodfori dynion (ac ambell fenyw
brin iawn) nad oedd yr oes ddiwydiannol, brysur, gymhleth
wedi eu cyffwrdd. Gwŷr agos at y pridd oedd y rhain, yn dwyn
llysenw yn amlach na heb; anllythrennog o bosibl, a diniwed
ym mhethau'r byd modern, ond dawnus a diwyd yn eu priod
grefftau, gonest heb fod yn sych-dduwiol, hoff o ddiferyn a
mygyn heb fod yn bwdr, cynrychiolwyr olaf hil ar ddarfod o'r
tir. Gwelir eu disgynyddion ar gerdded ganrif yn ddiweddarach
yn *Cymeriadau De Ceredigion* a'r ysgrifau portread yn *Golwg
Arall* Dic Jones, yn nheyrngedau *Y Faner Newydd* i'r Cymry
diwylliedig ond digoleg hynny a all blygu gwrych a nyddu
englyn, ac yn y rhaglen deledu *Cefn Gwlad* bob tro y bydd hen
gymêr yn porthi sylw Dai Jones, Llanilar, fod y byd – ie, wir
ichi – wedi newid yn ddirfawr, ac er gwaeth, at ei gilydd, yn
ystod yr hanner can mlynedd diwethaf.

Â dawn dafleisiol, ar drothwy ei hanner cant oed, trodd
Williams ei gefn ar ysgrifennu hanes fel cyd-daro tynged y

ddynoliaeth gyfan ac arfaeth Duw, a dechrau llefaru trwy
enau'r traddodiad amgen a orseddai ddinodedd. Yr amrywiad
hollbwysig yn achos Williams oedd iddo ieuo'r traddodiad
hwnnw wrth gonfensiwn cyffesol yr hunangofiant. Fe'i
gosododd ei hun yn y darlun. Y gorffennol ar ei delerau ef ei
hun fyddai ei faes. Wrth wneud, creodd y *persona* a fyddai'n
glynu wrtho weddill ei oes: y gŵr atgofus, addfwyn, tafod-
yn-ei-foch; D. J. *Hen Wynebau, Hen Dŷ Ffarm, Yn Chwech
ar Hugain Oed*. Cyhoeddodd ei gyffes ffydd yn y portread o
'John Thomas' fod gwerth yn y personol, y mân, y plwyfol, y
darfodedig:

> 'Wn i ddim a wyf fi'n eithriad i'r rheol ai peidio. Ond y
> mae fy atgofion a'm syniadau am bobl a phethau pan
> oeddwn i'n grwt 'slawer dydd, cyn gadael cartref erioed,
> yn gliriach ac yn fwy pendant . . .

I Lewis, a hoffai synio am wleidyddiaeth a hanes fel
gwyddorau, ac a fyddai'n amgyffred cenedlaetholdeb yn y
bôn fel ffrwyn ar war dynion cynhenid bechadurus, yr oedd
y cymysgu rhyddfrydig hwn ar ddyheadau'r enaid a deddfau
cymdeithas nid yn unig yn ddi-chwaeth ond yn ddiwinyddol
dramgwyddus hefyd. Fe'i cyfrifai'n feddalwch. 'Y gwir plaen
yw mai *calon* D. J. oedd yn llywio ei holl wleidyddiaeth ef',
meddai Saunders Lewis am ei gyfaill marw ym 1975, gyda'r
cyfuniad o faldod a diffyg amynedd a nodweddai bopeth a
ysgrifennodd amdano erioed, 'ac yn ei straeon byrion, nid yn
ei gyfraniadau mynych i'r wasg ar faterion politicaidd y ceir
y mynegiant campus o'r egwyddorion hynny.'

Y mae hwn yn ddehongliad argyhoeddiadol am fod grym
ac atyniad myth y tu ôl iddo. D. J. Williams oedd calon Plaid
Genedlaethol Cymru yn yr un modd ag yr oedd Lewis yn
ymennydd iddi, bron fel petai naratif y blaid yn gofyn y
cyferbyniad rhwng miniogrwydd meddwl a rhadlonrwydd
ysbryd, rhwng caledi deallusol a chlydwch. Porthwyd tyb
Lewis gan J. Gwyn Griffiths yn ei ragymadrodd i'r casgliad o

storïau byrion ac ysgrifau gwleidyddol Williams, *Y Gaseg Ddu*, ym 1970, pan ysgrifennodd hwnnw am Williams mai '[y] rhan fwyaf arhosol o'i weithgarwch, mewn ystyr syml ac amlwg, yw ei orchestion llenyddol'. Ac am mai llenor o galon oedd D. J., y casgliad – trwy gamymresymu ewyllysiol – oedd na allai fod hefyd yn berchen y math o feddwl sydd o bryd i'w gilydd yn defnyddio'r galon i'w ddibenion ei hun. Fe'i galwyd yn '[ll]enor dynol' gan Gwenallt yn y gyfrol deyrnged: 'diddordeb yn y cymeriadau, y ceffylau a'r cŵn oedd ei brif ddiddordeb ef', gyda'r ensyniad nad oedd yn llenor syniadau. Ac fe'i hategwyd yn ei dro gan Ned Thomas yn ei deyrnged yntau yn *The Welsh Extremist* ym 1971. Galwodd hwnnw fywyd D. J. yn 'legend of purity of heart' a nodweddid gan 'that sense of essential and simple goodness that one encounters very rarely. With his shining round face and small glittering eyes he reminded me of a robin'. Felly hefyd Dafydd Jenkins, a ddaliodd (gan ddwyn i gof yr emyn pietistaidd i blant, 'Jesu, teach me day by day') 'that we loved him because he first loved us. There was a radiance about him'. Y mae'n anodd meddwl am yr un Cymro arall yn ail hanner yr ugeinfed ganrif a hawliodd gyfrol o gerddi coffa, ond fe gafodd D. J. am 'nad oedd neb', chwedl D. H. Culpitt a Leslie Richards yn eu rhagair i gyfrol y bu'n rhaid hepgor cerddi ohoni am eu bod mor niferus, 'yn anwylach gan ei genedl'. Ac yn y gyfrol dyna agor y fflodiardau: 'y llygaid hynny . . . yn pefrio gan anwyldeb'; 'dy galon hael'; 'hiwmor iach'; 'hardd ei awydd'; 'y rhoi haelionus a'r arial wenau'; 'Arian byw, a'r wyneb iach / Na welwyd ei anwylach'; 'Llon heintus a llawn antur'; 'Ffyddlon a thirion'. Y mae rhywun bron â choelio, gyda H. R. Evans, fod yr hen wynebau'n disgwyl amdano:

> Maent yno yn eu nefoedd
> Yn gwmni ffraeth a rhydd,
> Yr Efail Fach a Benni
> Ac yntau Danni'r Crydd.

Y peth mawr am D. J., cytunai pawb, oedd bod ei galon yn y lle iawn.

Yr hyn a sadiodd y goel hon oedd bod Williams ei hun fel petai'n gyfrannog yn y nawseiddio ar ei ddelwedd gyhoeddus, gan ymhyfrydu yn y *cultus* a dyfodd o'i gwmpas, chwedl Saunders Lewis yn ei ysgrif goffa iddo yn *Barn*. Williams oedd yr unig aelod cynnar o'r Blaid Genedlaethol a honnodd na phrofodd erioed dröedigaeth emosiynol na deallusol at genedlaetholdeb: fe'i ganed yn genedlaetholwr, meddai. Hwn oedd yr aelod a ddaliodd drên rhy hwyr o Abergwaun i gyfarfod lansio'r blaid ym Mhwllheli ym 1925 a'i golli, gan gwrdd â Saunders Lewis ar y platfform pan oedd hwnnw ar ei ffordd yn ôl i'r de ar yr union drên yr oedd Williams newydd gyrraedd arno. Cyn llosgi'r ysgol fomio ym Mhenyberth un mlynedd ar ddeg yn ddiweddarach, torrodd flaen ei fys wrth chwarae â rasel agored ym mhoced ei wasgod ac o ganlyniad ddrysu'r cynlluniau manwl trwy orfod mynd at feddyg ym Mhorthaethwy. Treuliodd naw mis yn Wormwood Scrubs am y weithred heb iddo danio'r un fatsien, a bu'n rhaid i Lewis ei rybuddio rhag ysgrifennu cofiant carchar a roddai ddarlun rhy flodeuog am fywyd yno. Yn bedwar ugain oed gwerthodd Williams fferm Pen-rhiw, gan roi'r elw i'r blaid, ac yn yr un flwyddyn canfasiodd dros Gwynfor Evans ar drothwy buddugoliaeth isetholiad Caerfyrddin. Ac i goroni'r cyfan, bu farw yn ei hen gapel yn Rhydcymerau a'i gladdu pan oedd caenen o eira pur Ionawr ar y tir. Gwnaethai ei orau glas i ddarbwyllo pawb ei fod yn hanfodol ddifeddwlddrwg. A diau ei fod. Ond camymresymu yw casglu mai dyna'r cyfan, oherwydd y mae'n ymresymiad sy'n gwadu i'r awdur a'i waith yr hawl i fod yn gymhleth, yn baradocsaidd. Dadl sydd yma dros ddweud dau beth am *Hen Wynebau:* sentiment yw ei sylfaen, ond ni olyga hynny nad yw hefyd yn destun cwbl eironig.

Ymarferiad diddorol, felly, yw derbyn dyfarniad Lewis ar 'galon' Williams gan anwybyddu'n fwriadol yr ergyd y tu ôl

28 Danni'r Crydd: 'dyn bach, byrgoes, sgwâr . . .
a rhyw un rhan o dair ohono'n farf.'

iddo, a cheisio darllen deunydd creadigol D. J. Williams – yn enwedig felly *Hen Wynebau* – fel 'mynegiant campus' o egwyddorion cenedlaetholdeb, a hefyd fel ymgais o ddifrif i fathu hanesyddiaeth i'r prosiect cenedlaethol.

Pan ddywed Williams fod yr Hen Ardal – y darn gwydn, hanfodaethol hwn o Gymru – wedi llwyddo i 'ddianc rhag ei hanesydd', dywed rywbeth dadlennol am natur y dasg a osododd iddo'i hun yn *Hen Wynebau.* Yr awgrym yw fod gwahaniaeth arwyddocaol rhwng hanes fel atgof personol neu gof teuluol a hanes fel geiriau ar bapur, rhwng hanes fel peth i'w gelu a pheth i'w ddatgelu, ac mai gweithred herfeiddiol, dramgwyddus bron, yw mentro rhoi dim ar gof a chadw. Y mae'r ardal yn gyforiog o hanes ond bod hwnnw heb ei gofnodi, a'r thema sy'n rhedeg trwy'r portreadau yw mai felly y dylai fod. Hyn, er enghraifft, ar ddechrau 'Y Tri Llwyth' – a sylwer ar y tyndra rhwng y 'gwir frodor', sy'n cadw hanes iddo'i hun, a'r awdur, nad yw wedi byw yn y fro er pan oedd yn un ar bymtheg oed, sy'n bygwth ei annilysu ei hun fel brodor trwy ryfygu sôn:

Y mae gan bob gwir frodor o'r ardal lu o gyfrinachau na wŷr neb ond ef ei hun – ac ymwybyddiaeth ddirgelaf ei gymdogion – ddim amdanynt; pethau nas dinoethir ond ambell dro gan storm y teimlad megis ar ddydd marwolaeth, neu briodas neu angladd. Eithr ni chlyw neb sôn amdanynt hyd yn oed yr adeg honno, ond ei galon ei hun. Ac eto, y pethau cyfrin, anghyffwrdd hyn, sydd ar yr un pryd yn eiddo i bawb a heb fod yn eiddo i neb ond iddo ef ei hun, yw sylweddau cadarnaf ei fywyd. Yn gymysg â hwy y mae tynfeini drud ei dynged ac ysbrydion o'r anwel yn eu gwylio. Pan gollo afael arnynt y mae mewn perygl o golli ei enaid. Pan sonio amdanynt ar goedd hefyd, fel y gwnaf i'n awr – y mae'n rhedeg i'r un rhysedd. Duw a roddo i mi ynteu, gynildeb y cybydd ar ei aur!

Hanesydd cybyddlyd yw D. J. Williams. Nid yw'n dadlennu popeth a ŵyr, ac ni ŵyr bopeth ychwaith. Petai'n ysgrifennu ffuglen, fe'i gelwid yn adroddwr annibynadwy; fel y mae, gellir ei alw yn hanesydd anghyflawn. Y mae hyn yn wir nid yn unig am ddirgel-leoedd eneidiau'r brodorion ond am hanes eu hamgylchiadau materol hefyd. Yn *Hanes Cymru* beirniada John Davies *Hen Wynebau* a storïau Williams am ddarlunio '[c]ymdeithas siriol, ddarbodus, duwiol [*sic*] a Chymraeg' heb ynddi sôn am 'y mynych farwolaethau o'r darfodedigaeth, cyflogau pitw'r gweision fferm' sy'n cael sylw dyladwy gan Caradoc Evans. Y mae'n gyhuddiad teg, a gellid ychwanegu at y rhestr. Ceir trosedd a chythrwfl yn Rhydcymerau, er enghraifft, ond nid oes angen plismon, medd Williams, am fod y llewaidd a'r hoffus Nwncwl Tom wrth law, 'gŵr o faint ac aruthredd corfforol nad oedd llawer o'i debyg yn y wlad':

> Parai un rhuad o'i eiddo arswyd drwy dorf gyfan, fel y gwelais fwy nag unwaith mewn 'steddfod stwrllyd neu dŷ̂ tafarn tipyn yn bigog. Ac eto, fel y tystia'i deitl – yr oedd yn 'Nwncwl Tom' i bawb yn yr ardal – anwylid ef gan bawb.

Ond rhywbeth mwy cynnil na'r awydd syml i ddelfrydu yw'r darlun rhannol hwn. Y mae'r sisyrnu ar y gorffennol yn agwedd ar y ddihangfa rhag yr hanesydd sy'n digwydd trwy'r gyfrol. Llyfr hanes yw *Hen Wynebau* i'r graddau ei fod yn cynnig sylwebaeth ar gyfyngiadau hanes fel disgyblaeth.

Hyn, fe ddichon, sy'n egluro trefn ymddangosiadol fympwyol yr ysgrifau, lle y ceir portread 'Dafydd 'r Efailfach' yn agor y gyfrol o flaen hanes mwy confensiynol 'Y Tri Llwyth', gyda gweddill yr oriel i'w ganlyn. Cymeriad Dafydd yw maes yr ymrafael rhwng y ddau fath o hanes sy'n cystadlu am oruchafiaeth yn *Hen Wynebau*: y llafar a'r ysgrifenedig, yr anymwybodol a'r ymwybodol, yr hyn y gall yr hanesydd ei ddal rhwng dau glawr a'r hyn sy'n dianc

Dafydd 'R Efailfach

DAFYDD 'r Efailfach oedd yr unig ddyn maes o'r cyffredin yn yr Hen Ardal. Ond yr oedd ei ddawn mor rhyfedd o naturiol a diymdrech fel na welai llawer o'r ardalwyr, mi gredaf, fawr o wahaniaeth rhyngddo a rhyw ddyn arall. A'r dyfnaf yn y camwedd hwn yn ddios ydoedd Dafydd ei hun. Diau nad oes gan yr eos syniad ei bod hi'n well cantores na'r frân. Ac ni chredai hynny hyd yn oed pe tyngai'r paun wrthi ei bod. Fodd bynnag, fy marn i am Dafydd yw—na lefarodd neb fel y dyn hwn, tu allan i ddramâu Synge. Ond byddai'n ofynnol cael Synge arall i brofi hynny ar ddu a gwyn.

Nid oes dim mor anodd i'w ddisgrifio â'r hyn sy'n gwbl naturiol, heb dolc na chlust i gydio ynddo yn unman. Un felly ydoedd Dafydd 'r Efailfach. Nid chwarae ar eiriau fyddai ei alw yn ddyn cyffredin-anghyffredin, ond dweud ffaith syml. Yr oedd yn gwbl debyg i fil, ac eto'n un o fil. I'r neb a'i hadnabu erioed, gwn mai ffoliineb noeth yw ceisio cipio Dafydd, aderyn brith yr oged yn difyrru ei hun ar y cwysi, a'i osod mewn cawell papur gerbron y cyhoedd. Ond pe buasai'n bosibl, wrth gynnig at hynny, gyffrôi unwaith eto ei sylw ffraeth a miniog ef ar y pen, byddai'n gyflawn dâl am unrhyw ryfyg ffŵl. Byddai un gair o'r eiddo yn ddigon i daro'r cawell yn grimpyn chwerthinllyd ar lawr, a pheri i mi adael llonydd i'w lwch ef a'i gymrodyr unwaith ac am byth.

[9]

29 Pennod gyntaf *Hen Wynebau*: 'Dafydd 'R Efailfach'.

30 Dafydd 'R Efailfach: 'Puck wedi gorfod gwisgo brethyn cartre'
Bottom ydoedd Dafydd.'

rhagddo. Y mae Dafydd, medd ei gofnodydd, yn arbennig, ond ni ŵyr ef mo hynny, mwy nag y gŵyr yr eos ei bod yn well cantores na'r frân. A'r awgrym yw fod yr un peth yn wir am bawb yn yr Hen Ardal, sy'n 'gwbl debyg i fil, ac eto'n un o fil'. Ofer gobeithio ysgrifennu eu hanes; ofer mentro eu hadnabod ar ddu a gwyn:

> I'r neb a'i hadnabu erioed, gwn mai ffolineb noeth yw ceisio cipio Dafydd, aderyn brith yr oged yn difyrru ei hun ar y cwysi, a'i osod mewn cawell papur gerbron y cyhoedd. Ond pe buasai'n bosibl, wrth gynnig at hynny, gyffrôi unwaith eto ei sylw ffraeth a miniog ef ar y pen, byddai'n gyflawn dâl am unrhyw ryfyg ffŵl. Byddai un gair o'r eiddo yn ddigon i daro'r cawell yn grimpyn chwerthinllyd ar lawr, a pheri i mi adael llonydd i'w lwch ef a'i gymrodyr unwaith ac am byth.

Moddion dianc Dafydd o gawell y gair ysgrifenedig yw ei anllythrennedd, ei ddiffyg Saesneg a'i 'holl eirfa werinaidd'. Ceidw ei anllythrennedd ef rhag ei gaethiwo gan uchelgais ac ymwybyddiaeth ehangach: 'Athroniaeth syml y pagan iachus, naturiol, ydoedd athroniaeth Dafydd. Iddo ef yr oedd bywyd fel yr oedd, yn rhy dda a diddorol i beryglu ei newid am hanner munud am fywyd fel y gallai fod. Ei fwyd a'i ddiod yn unig a geisiai, a hawl i ddal y drych yn wyneb natur.' Ac yn yr iaith lafar ddiflanedig a ddefnyddia, medda ar gyfrwng 'na all dyfais y lythyren [sic] brint gyfleu odid ddim' ohono. Hyd yn oed wrth i Williams geisio ei anfarwoli, cysgod yn ffoi i blith y tylwyth teg yw Dafydd.

Y cymeriad llithrig, symudliw hwn, 'Puck wedi gorfod gwisgo brethyn cartre' Bottom', yw porthor a phatrwm y gyfrol. Trwyddo ef y deuir at yr hanes lled ffurfiol sydd yn 'Y Tri Llwyth'. Ond yma eto y mae'r pwyslais ar osgoi hanes trwy ddianc rhag sylw cyhoeddus. Ymyriad â bywyd yw ei ffurfioli, cadw cyfrif, dadlau yn ei gylch, cynnal pleidlais arno. Felly'r ymdriniaeth estynedig â chaethiwed pwyllgorau sy'n cloi'r ysgrif, lle ildia naws gweithredol ymwneud preifat pobl â'i gilydd i anesmwythyd goddefol cyhoeddus:

> Diau mai un o'r rhesymau cryfaf a gyfrif am natur heddychlon yr Hen Ardal yw ei bod hi'n ddios, yn un o'r mannau mwyaf di-bwyllgor drwy Gymru i gyd. Yno yr oedd pwyllgorau rhywbeth yn debyg i'r gwyliau Iddewig gynt – yn bethau i arswydo rhagddynt, ac i'w parchu. Gyda gwylder a pharchedig ofn y neseid atynt; bron gyda'r un sobrwydd anesmwyth ag at fwrdd y cymun.
>   Gellir cymharu pwyllgor yn yr Hen Ardal â'r hyn a welir wrth lan yr olchfa ddefaid. Gyrrid yr unigolion yn glòs at ei gilydd gan gyfarchiad dygn amgylchiadau. Ac wrth i bob un ei wthio ei hun yn ôl cyd byth ag y gallai rhag cymryd y llam gyntaf i lynclyn y farn gyhoeddus, fe wthid ganddo o angenrheidrwydd, ei gymydog diniwed tuag ymlaen . . . Byddai aml un yn brwsio ei het yn ddyfal ar yr un pryd ac yn cewco am y drws. A dyna'r pwyllgor drosodd am amser hir, hir, eto, gobeithio!

Gwelir cyferbyniad tebyg rhwng y John Jones swyddogol 'yn ôl cofrestr y plwyf', chwedl brawddeg agoriadol yr ysgrif nesaf, a'r John Trôdrhiw go-iawn 'fel y'i gelwid bob amser ar lafar gwlad', a rhwng John Thomas sy'n rhannu ei enw gyda John Thomasiaid adnabyddus eraill a 'Jontómos' yn ôl ynganiad yr ardal. Yma eto, megis yn achos Dafydd yr eos, y dyn 'cyffredin-anghyffredin', amlygiad yw'r ffurfiol a'r anffurfiol o gyferbyniad mwy sylfaenol: John Trôdrhiw 'yn ddyn o ddylanwad yn ei ardal heb yn wybod iddo', a John Thomas yntau yn '[dd]yn cyffredin, na wybu erioed am ddirgelion yr un Gyffes Ffydd namyn diwrnod gonest o waith mewn ysbryd rhadlon'. Hanfod dull Williams o drin hanes yw gwneud yn fawr o'r bwlch rhwng ymwybyddiaeth a gwybodaeth ehangach yr adroddwr ac anwybodaeth y gwrthrych. Y mae hyn i'w weld ar ei amlycaf yn y gyfeiriadaeth a ddefnyddia: Shakespeare, Pythagoras a thrawsnewidiad eneidiau, y Brodyr Llwydion, cestyll

Normanaidd, y drefn ffiwdalaidd, y Boeriaid, Caradog, a'r bydoedd diweddarach eraill hynny – ffrwyth ei addysg a'i alltudiaeth wedi hynny – sy'n cynnig cwmpawd iddo i ddeall ei hen gynefin. Ond fe'i ceir hefyd yn y ddyfais o greu argraff mai digwydd gweld ei bobl y mae yn aml. Caiff 'ryw gipdrem' freintiedig ar John Thomas mewn ocsiwn, 'yn un o oriau mawr, prinion, ei fywyd caled ac ymdrechgar: twr o gyfeillion o'i gwmpas'; rhanna ei ymddiddanion yn fachgen gyda Danni'r Crydd a Dafydd Ifans y Siop – a'r ensyniad trwy'r cyfan yw mai pobl wedi eu geni yr ochr anghywir i hanes, y tu chwith i hanes, yw'r hen gymdogion hyn.

Am y rhai y mae hanes o'u tu yn yr Hen Ardal, fe'u ceir yn yr erthygl ryfedd honno, 'Bywyd y Wlad – Tynnu Hufen', a ymddangosodd yn *Yr Efrydydd* ym 1932 yn gyfamserol â *Hen Wynebau*. Yn yr erthygl hon, fel yr awgryma'r teitl, deil Williams fod cefn gwlad Cymru 'yn allforio yn gyson gynnyrch gorau ei bywyd a'i hathrylith ei hun'. Yna daw hyn:

I chwanegu [*sic*] at yr annhegwch yma, fe ddaeth i amryw o siroedd y De yn ystod yr hanner can mlynedd diwethaf, nifer tra lluosog o 'gryts o Saeson' o 'Reformatory Schools' trefydd mawr Lloegr. Creaduriaid bychain, anffortunus ydoedd y rhain gan amlaf, ac fe'u cymerid gan ffermwyr er mwyn arbed talu cyflog deilwng i weision a morynion o Gymry. Fel rheol, byddai'r bechgyn hyn a anfonid i'r wlad y rhai isaf o ran eu gallu deallol – y rhai hynny y methid yn yr ysgolion â chael fawr o glem ar ddysgu unrhyw fath o grefft iddynt. Ymhen fawr o dro, gan na chlywent ddim ond Cymraeg, dysgent yr iaith yn rhyfeddol o dda, a chymhethid hwy â'r bywyd Cymreig. Priodent yn aml â merched o'r cylch, o'r dosbarth mwyaf cyffredin o'r dosbarth gweithiol – a chodi teulu niferus. Os edrychir drwy lyfrau Gwarcheidwaid rhannau gwledig Caerfyrddin, Penfro a gwaelod Ceredigion, fe'n synnir gan y nifer o'r enwau tramor hyn sy'n derbyn tâl Plwyf yno – a'r wlad yn eu cynnal.

Prin mai dyma a oedd gan Ned Thomas mewn golwg pan delynegodd am 'that sense of essential and simple goodness that one encounters very rarely'. Ond hawdd ymgolli mewn digofaint gwleidyddol gywir wrth ddarllen llith o'r fath. Mwy adeiladol, yng nghyswllt *Hen Wynebau*, yw sylwi ar arwyddocâd yr uchod fel gwrthdestun, fel testun nad oes lle iddo yn yr oriel. Yr anffodusion hyn yw'r rhai nad yw eu hwynebau yn ffitio yn Rhydcymerau; y rhai amhur, anghyflawn, di-grefft. Ond – yn eironig – dyma'r rhai y mae hanes o'u plaid. Y mae'r anffodusion hyn ar gynnydd trwy eu teuluoedd niferus ac wedi gadael eu hôl estron ar gof a chadw ar lyfrau gwarcheidwaid y plwyfi sy'n eu derbyn a'u cynnal. Eu henwau hwy – ac nid rhai fel Dafydd – a fydd yn goroesi i'r oesoedd a ddêl.

Mynegir argyhoeddiad yn yr erthygl hon, felly, sy'n ddealledig yn *Hen Wynebau* ond sydd heb ei ddweud yn agored yno, sef mai dirywiad yw cyfeiriad hanes Cymru. Y mae'n deimlad dyfnach a mwy sylweddol na hiraeth yr hanner cant am wynfyd plentyndod. Y mae cefn gwlad y tridegau yn lle tlotach yn ddeallusol, yn lle llai crefftgar ac athrylithgar, nid am y rheswm telynegol fod amser yn dadfeilio popeth ond am resymau penodol yn ymwneud â demograffeg a phatrymau genedigaethau yn ôl dosbarth cymdeithasol.

Camddehongliad, gan hynny, yw tybio bod yr anwyldeb diffuant a geir yn *Hen Wynebau* yn ddiniweidrwydd amcan. Nid darlun o Gymru fel yr oedd sydd ynddo. Dilëwyd neu anwybyddwyd yr elfennau anghyfleus, anghyfath. Y peth mwy arwyddocaol yw nad dyma ddarlun o'r hyn y dylai Cymru fod ychwaith. Fel Saunders Lewis, credai Williams yntau i Gymru golli ei hunaniaeth wleidyddol bedwar can mlynedd ynghynt; fel Lewis, dwrdiai Gymru ac edliw iddi ei gwaseidd-dra. Ei gyflawniad yn *Hen Wynebau* – a'i gyfraniad i hanesyddiaeth cenedlaetholdeb Cymreig – yw ategu dehongliad Lewis, ond gyda phwyslais diddorol o wahanol. Yn y Gymru ddisberod hon wedi ei deol oddi wrth brif ffrwd hanes, yn y Narnia hon o genedl dan eira angof, gwahaniaeth diwinyddiaeth y Modernydd a'r Pabydd ac nid gwahaniaeth hanesyddiaeth sydd rhwng portreadau Williams o John Trôdrhiw, Johntómos a'r gweddill, a darluniau Lewis o'r 'demos dimai' a'r 'meirwon byw' yn ei gerddi ef o'r tridegau.

Simwlacrwm o genedl yw'r Hen Ardal, nid delfryd. Medda ar nodweddion allanol cenedligrwydd: cymuned yw hi sydd i'w gweld yn rhydd a hunangynhaliol, lle y mae'r trigolion yn cynnal breichiau ei gilydd, yn cydganu mewn capel ar y Sul ac mewn eisteddfod bob Nadolig, yn cydlymeitian yn y Cart and Horses, yn rhannu iaith, defodau a symbolau perthyn, yn cydgyfranogi mewn hanes anysgrifenedig atgof. Ond y tu draw i'r gymdogaeth – a heb ei chydnabod ganddi – ceir dyddiau clo Oes Victoria, ymgecru Cymru Fydd a chwymp y Rhyddfrydwyr, gweithredu Deddf Addysg ddifäol 1870, dechreuadau'r diboblogi ar gefn gwlad a dynnodd D. J. ei hun o'i hen gynefin yn un ar bymtheg oed a'i droi'n alltud am ei oes, ymrafael Iwerddon a'r fenter fawr ymerodrol y mae Cymru'n rhan mor ddiddig ohoni. Prydeinwyr balch yw trigolion yr Hen Ardal am na allant fod yn amgen. Gwyddai Williams hynny, ac felly hefyd ei gynulleidfa. A wyddai Dafydd a Benni a'r ddau John hynny sy'n gwestiwn arall.

DARLLEN PELLACH

D. H. Culpitt a W. Leslie Richards, *Y Cawr o Rydcymerau* (Llandysul, 1970).

John Gwyn Griffiths (gol.), *D. J. Williams, Abergwaun* (Llandysul, 1965).

John Gwyn Griffiths (gol.), *Y Gaseg Ddu a Gweithiau Eraill gan D. J. Williams, Abergwaun* (Llandysul, 1970).

Dafydd Jenkins, *Writers of Wales: D. J. Williams* (Caerdydd, 1973).

Richard Wyn Jones, 'Saunders Lewis a'r Blaid Genedlaethol', yn Geraint H. Jenkins (gol.), *Cof Cenedl XIV: Ysgrifau ar Hanes Cymru* (Llandysul, 1999).

Saunders Lewis, *Canlyn Arthur* (Aberystwyth, 1938).

Saunders Lewis, 'D. J. Williams', *Barn*, 88 (1970).

Saunders Lewis, *Egwyddorion Cenedlaetholdeb* (ail arg., Plaid Cymru, 1975).

D. J. Williams, *Codi'r Faner* (Caerdydd, 1968).

D. J. Williams, *Hen Wynebau* (Aberystwyth, 1934).

PAIR DADENI?
YR YMGYRCH IAITH
YN NHREF ABERYSTWYTH

Rhys Jones

Wyt ti'n cofio pont Trefechan
A'r brotest gynta i gyd?

Dafydd Iwan

At ei gilydd, y mae astudiaethau ar genedlaetholdeb yn dueddol o ganolbwyntio ar y sefydliadau a'r prosesau hynny sy'n bodoli ar raddfa genedlaethol ac sy'n fodd i greu ac atgyfnerthu cenedl. Ond gall lleoedd penodol hefyd gyfrannu at y proses o ddiffinio cenedl. Yn bur ddiweddar y mae nifer o ddaearyddwyr wedi astudio'r modd y mae rhai lleoedd yn adlewyrchu ac yn cyfoethogi hanfodion diwylliannol cenedl. Er enghraifft, gwnaethpwyd ymchwil ddefnyddiol a diddorol gan Nuala Johnson yn Iwerddon ar y modd y dethlir arwyr y genedl Wyddelig. Mewn cyd-destun lled gymharol, dangosodd Pyrs Gruffudd sut y defnyddiwyd y tirlun gwledig fel symbol o graidd moesol ac ieithyddol y genedl Gymreig. Ond yn hytrach nag aildwymo syniadau o'r fath, cyflwynir gwedd ychydig yn wahanol yn yr ysgrif hon drwy ddadlau bod angen ystyried sut y gall lleoedd penodol chwarae rhan bwysig yng ngwneuthuriad cenhedloedd. Ni honnir fod gan leoedd effaith uniongyrchol ar ddatblygiad cenedl, ond dylid edrych ar y dylanwad posibl y gall rhwydweithiau o bobl mewn mannau penodol – ynghyd â'r wleidyddiaeth leol sydd ynghlwm wrthynt – ei gael ar wleidyddiaeth cenedl. Nid proses o ailwampio diwylliannol a chymdeithasol yn unig mo hwn. Y mae hefyd yn broses sy'n cysylltu graddfeydd daearyddol gwahanol wrth i'r lleol a'r cenedlaethol gyd-asio. Cafwyd rhai astudiaethau blaenorol ar sail syniadau tebyg. Nododd nifer o awduron, er enghraifft, sut y cyfoethogwyd sawl agwedd ar genedlaetholdeb y Gwyddelod ar raddfa ryngwladol o ganlyniad i'r allfudo enfawr a ddigwyddodd yn hanes Iwerddon. Nod llai uchelgeisiol sydd i'r ysgrif hon, sef dadansoddi'r rhyngweithio cyson sydd wedi digwydd rhwng tref fechan yng ngorllewin Cymru a phrosesau cenedlaethol ehangach.

Seilir y themâu a drafodir yma ar brosiect ymchwil a astudiodd gyfraniad Aberystwyth i dwf mudiadau cenedlaetholdeb Cymreig o'r 1960au ymlaen.[1] Ariannwyd y prosiect gan Bwyllgor Gwyddor Cymdeithas Bwrdd Gwybodau Celtaidd Prifysgol Cymru. Cynhaliwyd cyfweliadau â thros hanner cant o unigolion a fu'n gysylltiedig â'r mudiad cenedlaethol Cymreig yn Aberystwyth mewn rhyw ffordd neu'i gilydd. Diffiniwyd y mudiad cenedlaethol yn bur hyblyg er mwyn sicrhau ystod eang o brofiadau a safbwyntiau, ac yn sgil hyn canolbwyntiwyd ar amrediad o themâu neu feysydd polisi a fu'n greiddiol bwysig ar gyfer y mudiad cenedlaethol er y 1960au: ymgyrchu ieithyddol; addysg Gymraeg; gweithgarwch etholiadol; ymgyrchu ynglŷn â pholisïau tai ac eiddo. Cafwyd ymateb cadarnhaol iawn i'r ymchwil a bu'r dull o ymchwilio yn llwyddiannus dros ben. Y mae rhai anfanteision yn perthyn i ymchwil o'r math hwn gan fod tuedd i'r sawl sy'n cael ei gyfweld roi darlun goddrychol ac weithiau anghytbwys o'r gorffennol, ond llwyddwyd yn yr achos hwn i grynhoi toreth o wybodaeth werthfawr a dibynadwy.

Canolbwyntir yma ar un agwedd arbennig, sef dylanwad ymgyrchu a gwleidydda yn nhref Aberystwyth ar statws a chynnydd yr iaith Gymraeg. Nid yw'r berthynas rhwng y genedl a'r iaith mor syml ag y tybiwyd, ond ni ellir gwadu nad yw'r Gymraeg yn symbol arwyddocaol o arwahanrwydd y genedl Gymreig. Nid yw'n syndod bod cynifer o fudiadau cenedlaetholgar yng Nghymru wedi canolbwyntio ar, ymhlith pethau eraill, achub a hybu'r iaith. Nododd Pyrs Gruffudd, er enghraifft, y bu ystyriaethau ieithyddol a moesol yn dra phwysig i Blaid Cymru yn ystod ei blynyddoedd cynnar. O'r 1960au ymlaen daeth y Gymraeg yn bwnc llosg ym mywyd gwleidyddol Cymru. Fel y nododd Dylan Phillips, ffurfiwyd Cymdeithas yr Iaith Gymraeg ym 1962 fel mudiad a'i fryd ar hyrwyddo hawliau iaith a oedd yn crebachu fwyfwy o ran niferoedd ei siaradwyr a'i thiriogaeth. Serch hynny, gellir pwysleisio themâu gwahanol i'r rhai a drafodir

---

[1] Bu Carwyn Fowler yn gynorthwyydd ymchwil i'r prosiect hwn a hoffwn gydnabod ei gyfraniad ef.

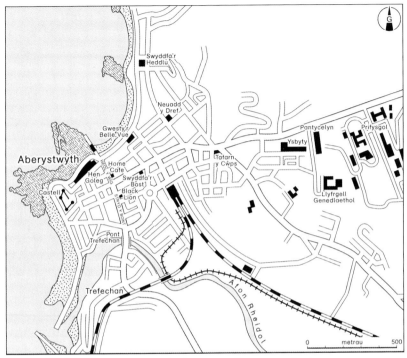

31 Map o dref Aberystwyth: Pair Dadeni.

gan Phillips drwy ddadansoddi arwyddocâd daearyddol tref Aberystwyth yn hanes y mudiad ieithyddol.

Y mae'n bur debyg mai'r digwyddiad mwyaf arwyddocaol oedd y brotest enwog a gynhaliwyd ar bont Trefechan ym mis Chwefror 1963, ond dylid nodi hefyd fod cynsail hanesyddol i'r brotest enwog hon. Bu trafod manwl a bywiog yn Aberystwyth er dechrau'r 1960au ynghylch y problemau dybryd a oedd yn gwanychu'r iaith Gymraeg. Cynhaliwyd y trafodaethau hyn yng ngwesty'r Belle Vue dan nawdd grŵp a elwid Cymru ein Gwlad a ffurfiwyd o ganlyniad i anfodlonrwydd rhai cenedlaetholwyr ynghylch diffyg llwyddiant Plaid Cymru. Ei nod oedd trafod y posibilrwydd o weithredu'n uniongyrchol, yn bennaf yng nghyd-destun yr iaith Gymraeg, a chyhoeddwyd cylchgrawn

32 Llun o Aberystwyth a dynnwyd ym mis Awst 1967.

dan yr un teitl ag enw'r grŵp. Cynhyrchwyd rhifynnau penodol o'r cylchgrawn hwn ar gyfer Aberystwyth, gan ddefnyddio'r enwau arwyddocaol *Y Crochan* a *Pair Dadeni*, sy'n dangos sut yr ystyrid Aberystwyth yn galon y trafodaethau ynghylch statws yr iaith Gymraeg.

Ni wyddys a gynhaliwyd unrhyw ymgyrch neu weithred uniongyrchol benodol gan Gymru ein Gwlad, ond gwyddwn am un weithred (ddigon dibwys ar un olwg) a gyflawnwyd gan un aelod o'r grŵp, ac fel hyn y soniodd am y profiadau a gafodd yng ngaeaf 1962:

> Rhyw barti Nadolig hwyr oedd hi, y Geltaidd . . . rhoiais i 'bàs' adref ar y beic i'r ferch ifanc 'ma . . . dyma'r plisman 'ma'n llamu allan o'r tywyllwch . . . canlyniad hyn oedd ein bod ni'n cael gwŷs . . . mae'n siŵr bod hynny'n uchafbwynt i'w wythnos!

Penderfynodd y person hwnnw ddefnyddio'r digwyddiad ar y pryd fel ffordd o amlygu statws cyfreithiol israddol yr iaith Gymraeg yr adeg honno. Gwrthododd dderbyn y wŷs, ac yn sgil hynny gorfu iddo dreulio noson yng nghelloedd yr heddlu. Bu'r safiad hwn yn ysbrydoliaeth i ymgyrchwyr eraill yn Aberystwyth. Cafwyd cefnogaeth lawn i'r weithred gan gangen y dref o Blaid Cymru a bu'n symbyliad i unigolion eraill ddefnyddio dulliau tebyg yn y dref a thu hwnt. Ond prif sgil-effaith y weithred hon oedd paratoi'r ffordd ar gyfer y brotest enwog gyntaf a gynhaliwyd gan Gymdeithas yr Iaith, sef y brotest ar bont Trefechan. Er bod y cyfan wedi ei serio ar gof y genedl Gymreig, y mae'n werth trafod yr hyn a ddigwyddodd ar y diwrnod arbennig hwnnw, sef 2 Chwefror 1963.

Prif nod yr ymgyrch oedd gweithredu mewn ffyrdd anghyfreithlon er mwyn tynnu sylw at Seisnigrwydd y system gyfreithiol yng Nghymru, ond er bod y digwyddiadau ar bont Trefechan ei hun wedi mynd â bryd haneswyr a chenedlaetholwyr fel ei gilydd, nid hi oedd targed wreiddiol y protestwyr. Penderfynwyd mai'r ffordd orau o weithredu'n anghyfreithlon fyddai gorchuddio ffenestri a muriau swyddfa bost y dref â phosteri, a dyna a wnaed. Gorchuddiwyd yr adeilad â phosteri amrywiol yn dwyn negeseuon megis 'Statws i'r Iaith' a 'Defnyddiwch yr Iaith Gymraeg', a chafwyd cymaint o flas ar y gweithredu fel yr aethpwyd ati hefyd i orchuddio 'phone kiosks, letter boxes, Inland Revenue and Council Offices' gan bosteri, fel y nododd y *Welsh Nation*. Serch hynny, ni lwyddwyd i gyflawni'r nod o beri i'r heddlu arestio protestwyr. Ymddengys bod yr heddlu wedi synhwyro mai dyna oedd nod y protestwyr a'u bod wedi penderfynu osgoi unrhyw wrthdaro. Siomwyd gohebyddion gan eu syrthni, fel y dengys yr adroddiadau isod yn y *Daily Herald* (4 Chwefror 1963) a'r *Daily Express* (3 Chwefror 1963):

> The poster-carrying demonstrators, mainly students, moved off from their Home Café rendezvous WITHOUT A POLICEMAN IN SIGHT. They plastered the post office with slogans. Irate staff started tearing down the posters. STILL NO POLICEMAN TO BE SEEN . . . The town hall was 'attacked' [with posters] – then the police station itself. BUT THE POLICE DID NOT SEEM TO SEE . . . Dismayed, the society held a council of war [in the Home Café]. Some felt they had done enough for the day.
>
> Seeing the 6ft. 4in. Inspector L. T. K. Williams leaving the police station, [E. G.] Millward stood in his path and announced: 'We have broken the law. We have stuck posters all over your police station.' The inspector smiled, shrugged his shoulders and walked on.

Bu diffyg 'llwyddiant' y brotest wreiddiol yn destun trafod helaeth ymhlith y protestwyr, a'r methiant hwnnw a'u hysgogodd i orymdeithio i swyddfa'r heddlu er mwyn eu hysbysu ynghylch y gweithredoedd anghyfreithlon a gyflawnwyd yn y swyddfa bost. Ond unig ymateb yr heddlu

33 Protest Cymdeithas yr Iaith Gymraeg yn Swyddfa Bost Aberystwyth,
2 Chwefror 1963.

i gyfaddefiad y protestwyr oedd 'O, popeth yn iawn.' Dichon
bod y diffyg ymateb hwn, a'r rhwystredigaeth a ddaeth yn ei
sgil, wedi profi'n ysgogiad i'r ymgyrchwyr ailasesu eu
hamcanion. Nododd un protestiwr, yn ogystal, sut y bu
agwedd ddiamynedd ac apathetig y wasg genedlaethol yn
hwb ychwanegol i'r ymgyrchwyr geisio ennyn mwy o
gyhoeddusrwydd i'w hachos.

Penderfynwyd ymneilltuo i bencadlys y brotest, sef yr
Home Café yn Heol y Wig. Yno bu anghydweld rhwng
myfyrwyr a thrigolion Aberystwyth a'r sawl a deithiodd i
brotestio o golegau eraill yng Nghymru. Ymddengys mai'r ail
grŵp a ysbrydolodd y weithred ddiweddarach o feddiannu'r
heol ar bont Trefechan. Soniodd un tyst yn benodol am y
drafodaeth a gafwyd yn yr Home Café:

> Fe aeth pawb i'r Home Café i gael rhyw bwyllgor mawr,
> a fan'na penderfynwyd 'mae'n rhaid i ni wneud
> rhywbeth drastig' achos roedd pobl wedi dod lawr o
> Fangor a dod i fyny o Gaerdydd, a doedden nhw ddim
> am fynd 'nôl heb unrhyw ganlyniad o gwbl, a felly dyna
> pam aethpwyd i bont Trefechan.

Honnodd tyst arall (yn sinigaidd braidd) fod myfyrwyr
Aberystwyth wedi 'diflannu':

> 'Dach chi'n gyfarwydd ag Aberystwyth. Cerdded i lawr
> rŵan o'r Home Café, mynd yn hollol syth i lawr
> heibio'r Lion, a 'dach chi ar bont Trefechan. Ond rywsut
> neu'i gilydd, mi aeth pobl [Aberystwyth] ar goll rhwng
> yr Home Café a phont Trefechan. Beth ddigwyddodd
> iddyn nhw, does neb yn rhyw wybod.

Cafwyd hefyd wrthdaro ymfflamychol rhwng y protestwyr a
gweddill trigolion y dref. Ni ddylid portreadu trigolion tref
Aberystwyth fel rhai cwbl gefnogol i amcanion y mudiad
cenedlaethol ac ieithyddol oherwydd yr oedd y mwyafrif
ohonynt naill ai'n ddi-hid ynghylch amcanion y mudiad neu,
fel yn achos protest pont Trefechan, yn elyniaethus. Nododd
gohebwyr amrywiol yr ymateb negyddol a gafwyd i'r brotest
gan nifer o bobl leol. Yn y swyddfa bost, lleoliad y weithred
gyntaf, 'demonstrators met resistance from local teenagers,
who stood on each other's shoulders to tear down the fifty
posters' (*Liverpool Daily Post*, 4 Chwefror 1963). Bu adwaith
y trigolion hyd yn oed yn fwy chwyrn ar bont Trefechan, a bu
cryn wrthdaro rhwng y sawl a oedd yn ceisio croesi'r bont a'r

protestwyr. Yn ôl y *Cambrian News*, dywedodd un hen ŵr: 'I think these students need a damn good spanking.' Wrth i'r tymheredd godi, bu ffrwgwd rhwng y carfanau gwahanol:

Angry motorists pleaded, then threatened and finally nudged their chargers into the mass. Not one student flinched . . . A crowd of local lads watched for half an hour. In the end it was an economic grievance which roused them. 'Do we keep you in college for this?' shouted one rabble rouser . . . A companion looked down at the icy waters of the River Rheidol 40ft. below and suggested: 'Throw them all in.' Instead the native youths rushed into the students, fists flying . . . Two girl students were knocked unconscious (*Daily Herald*, 4 Chwefror 1963).

34 'Wyt ti'n cofio pont Trefechan / A'r brotest gynta i gyd?':
2 Chwefror 1963.

Parhaodd y brotest am oddeutu dri chwarter awr cyn i'r heddlu ymyrryd, ac fe'i hanfarwolwyd yng nghân Dafydd Iwan, 'Daw fe ddaw yr awr':

> Wyt ti'n cofio pont Trefechan
> A'r brotest gynta i gyd?
> A'r Cardis yn ffaelu deall
> Pam roedd Cymry'n blocio'u stryd.

Serch y gwrthdaro hwn – ymhlith yr ymgyrchwyr a rhwng yr ymgyrchwyr a charfanau eraill – bu'r brotest ar bont Trefechan yn llwyddiannus oherwydd iddi ddwyn i sylw'r cyhoedd statws israddol yr iaith Gymraeg ym mywyd cyhoeddus Cymru. Er nad arestiwyd neb, cafwyd cyhoeddusrwydd sylweddol, fel y dywedodd John Davies, ysgrifennydd cyntaf Cymdeithas yr Iaith Gymraeg:

> Cafwyd cyhoeddusrwydd neilltuol; tudalennau yn *Y Cymro*, colofnau a lluniau yn y *Western Mail*, y *Daily Post* a'r *Express* a'r *Sunday Citizen*, hanner tudalen yn y *Daily Herald* . . . a phytiau yn yr *Observer*, y *Times* a'r *Guardian*.

Arwyddocâd ehangach y brotest oedd y modd y cysylltwyd hi â Choleg Prifysgol Cymru, Aberystwyth. Myfyrwyr a staff y Coleg hwn oedd canolbwynt yr ymgyrch o blaid dyrchafu statws cyfreithiol yr iaith Gymraeg, fel y gwelir mewn datganiad gan E. G. Millward a ddyfynnwyd yn y *Times* ar 4 Chwefror 1963:

> Today one of the society's secretaries, Mr Edward Glynne Millward, a lecturer in Welsh at the University College Aberystwyth, said 'the society will meet again and there will probably be future demonstrations. We are making Aberystwyth a focal point for this campaign'.

Yn wir, ymddengys fod y cysylltiad rhwng yr ymgyrch iaith a'r coleg yn Aberystwyth wedi treiddio i ymwybyddiaeth ehangach trigolion Cymru. Mewn ymateb i brotest ddiweddarach yn nhref Dolgellau ym mis Tachwedd 1963, beirniadodd rhai o drigolion y dref brotestwyr Cymdeithas yr Iaith drwy ddweud: 'Meddyliwch ein bod ni'n talu i gadw'r stiwdants 'ma yn y colegau i wneud ffyliaid ohonom . . . Ewch yn ôl i'r Aberystwyth 'na' (*Y Cymro*, 2 Rhagfyr 1963).

Y mae sawl nodwedd o ymgyrch iaith y 1960au i'w gweld yn nigwyddiadau 2 Chwefror. Yn gyntaf, y mae'n amlwg bod gweithgarwch trigolion tref Aberystwyth wedi cyfrannu'n sylweddol at yr ymgyrch a oedd ar droed yn ystod y cyfnod hwnnw. Aberystwyth, yn ddi-os, oedd ffocws daearyddol yr ymgais i ennill statws amgenach i'r iaith Gymraeg yng nghyfundrefn gyfreithiol y wlad. Serch hynny, fel y gwelwyd eisoes, bu'n rhaid i ymgyrchwyr o'r tu allan i'r dref roi proc i'r trigolion mwy ceidwadol a llai mentrus. Bu presenoldeb y garfan hon yn Aberystwyth ar 2 Chwefror yn gyfrifol am yr anghydweld a fu ynghylch y dull o ymgyrchu dros yr iaith.

Felly, nid stori am Aberystwyth yn unig yw hon. Yr oedd digwyddiadau 2 Chwefror 1963 yn arwyddocaol oherwydd eu bod yn adlewyrchu ac yn llywio prosesau cenedlaethol a rhyngwladol a oedd yn cyd-ddigwydd y pryd hwnnw. Byddai'n fuddiol, felly, inni ystyried pwysigrwydd graddfeydd daearyddol gwahanol yn hanes esblygiad yr ymgyrch iaith yn ystod y 1960au. Yr oedd y cyd-destun rhyngwladol yn bwysig i'r protestiadau a ddigwyddodd yng Nghymru. Bu ffurfio Cymdeithas yr Iaith, ynghyd â'r ymgyrch iaith ehangach yr oedd yn rhan ohoni, yn un elfen mewn *zeitgeist* rhyngwladol amgenach a oedd yn pwysleisio'r angen am ryddfreiniau dinesig, ymgyrchu gwrth-drefedigaethol a hawliau grwpiau lleiafrifol. Pwysleisiodd un tyst, a fu'n gysylltiedig ag ymgyrchoedd gwleidyddol a thros yr iaith yng Nghymru dros gyfnod hir, arwyddocâd y cyd-destun rhyngwladol hwn:

Ac wrth gwrs, mi roedd hi'n gyfnod felly trwy ran
helaeth o'r byd. Mi roedd 'na rywbeth yn yr awyr . . .
Kennedy yn America, yr ymgyrchoedd yn erbyn
Vietnam ac ati . . . yn erbyn apartheid, dros hawliau'r
bobl dduon . . . wedyn, o'n ni'n clywed am bethau tebyg
yn digwydd yng Ngwlad y Basg, a Catalunya a Chile, fel
pe bai 'na rywbeth yn y cyfnod.

Wedi dweud hyn, y mae'n amlwg mai'r cyd-destun
mwyaf perthnasol ar gyfer yr ymgyrchu yn Aberystwyth ar
ddechrau'r 1960au oedd yr un cenedlaethol. Yr ysgogiad
pennaf fu darlith radio Saunders Lewis a ddarlledwyd gan y
BBC ym mis Ionawr 1962, sef 'Tynged yr Iaith'. Bydd
darllenwyr y gyfrol hon yn gyfarwydd â dadl Saunders
Lewis, sef bod angen defnyddio dulliau chwyldroadol er
mwyn atal tranc yr iaith Gymraeg a bod yr iaith yn llawer
pwysicach na hunanreolaeth. Nododd nifer o dystion a fu'n
rhan o'r ymgyrchu cynnar dros yr iaith y modd y'u
hysbrydolwyd gan y ddarlith hon. Yn ôl y person a
arestiwyd am roi pàs i ferch ar ei feic ym mis Chwefror
1962, ac a wrthododd dderbyn y wŷs ddilynol, yr 'o'dd rhaid
gwneud, ar ôl darlith Saunders Lewis'. Nid yw'n rhyfedd,
felly, fod cyfran gynyddol o fyfyrwyr Cymraeg eu hiaith a
oedd yn astudio yn sefydliadau cyfansoddol Prifysgol
Cymru, ac mewn mannau eraill yn ogystal, wedi protestio
ar 2 Chwefror ac wedi hynny. Nododd y *Daily Herald*:
'Students from Bangor, Cardiff, Merthyr and Pontypridd
joined a home contingent in an upper room in Aberystwyth
to consider how the "language of heaven" could be returned
to honour.' Nid unigolion yn Aberystwyth, felly, oedd yr
unig ymgyrchwyr.

Gellir olrhain y cysylltiadau cymhleth rhwng lleoliadau a
graddfeydd gwahanol o fewn y mudiad cenedlaethol ac iaith
drwy nodi'r modd y llywiwyd llawer o'r ymgyrchu yn ystod y
cyfnod hwn gan Gymdeithas yr Iaith Gymraeg. Ceir
nodweddion daearyddol amlwg yn atgofion John Davies o

ddatblygiad y gymdeithas. Cyfunir cyfres o raddfeydd daearyddol gwahanol â'i gilydd mewn un naratif. Dechreua atgofion personol Davies o hanes cynnar Cymdeithas yr Iaith Gymraeg â sgwrs a gafodd ar risiau Llyfrgell Genedlaethol Cymru â'r myfyriwr a dorrodd y gyfraith ar rodfa Aberystwyth. Nododd y myfyriwr ei barodrwydd i wrthod gwŷs gan y llys fel arwydd o'i gefnogaeth i'r neges a gafwyd gan Saunders Lewis yn ei ddarlith radio. Ymddengys, felly, fod cysylltiad anorfod rhwng hynt a helynt myfyrwyr ar strydoedd a champws Aberystwyth a'r ddarlith. Pwysleisiwyd y cysylltiad hwn rhwng y lleol a'r cenedlaethol gan y ffaith fod John Davies wedi clywed darllediad y ddarlith ym mhentref Bwlch-llan ym mherfeddion gwledig Ceredigion. Megis sawl ardal gyffelyb y pryd hwnnw, yr oedd Bwlch-llan yn graddol golli ei statws fel ardal uniaith Gymraeg, ac yn arddangos rhai o'r diffygion a'r bygythiadau a ysbrydolodd ddarlith Saunders Lewis yn y lle cyntaf.

Ceir awgrym pellach o'r cysylltiadau amryfal rhwng graddfeydd daearyddol gwahanol yn nisgrifiad John Davies o'r cyfiawnhad dros ffurfio Cymdeithas yr Iaith Gymraeg fel mudiad iaith newydd. Nod Saunders Lewis yn ei ddarlith radio oedd annog Plaid Cymru i ymgymryd â'r gwaith o amddiffyn y Gymraeg mewn dull mwy eofn ac uniongyrchol. Ond tybiai John Davies, yn ogystal â rhai o hoelion wyth eraill y mudiad iaith yn ystod y blynyddoedd cynnar, y byddai troi Plaid Cymru yn 'fudiad iaith milwriaethus' yn profi'n ddatblygiad andwyol iawn, yn enwedig yn y rhannau hynny o dde a de-ddwyrain Cymru lle y cafwyd yn ystod y 1950au a'r 1960au gynnydd yn nifer y bobl ddi-Gymraeg a oedd yn gefnogol i ddyheadau gwleidyddol ehangach y blaid. Fel y gwyddys, y mae'r dasg o apelio at etholaeth eang ac amrywiol yn parhau i fod yn bwnc llosg yn rhengoedd Plaid Cymru. Yn ogystal â chreu tensiwn o ran rhethreg ac ideoleg wleidyddol, achoswyd tensiwn daearyddol ei natur wrth i'r blaid geisio cyfuno dyheadau plaid *genedlaethol* â diwylliannau mwy *lleol* eu natur. Y mae'n arwyddocaol mai'r profiadau a gafodd John Davies ac amryw o'i gynghreiriaid o fyw yn ne-ddwyrain Cymru a barodd iddynt gredu na allai Plaid Cymru, fel plaid wleidyddol a chyfansoddiadol, ymwneud â gweithredu uniongyrchol. Ar sail syniadau o'r fath, yn ogystal â thrafodaethau rhwng cangen Aberystwyth o Blaid Cymru a'r pwyllgor gweithredol cenedlaethol, ffurfiwyd Cymdeithas yr Iaith Gymraeg mewn cyfarfod a gynhaliwyd yn Ysgol Uwchradd Pontarddulais ar 4 Awst 1962. Dengys dechreuadau'r Gymdeithas y berthynas astrus a fodolai rhwng gwahanol raddfeydd daearyddol, yn amrywio o ddarlith radio, pwyllgor a sefydliad cenedlaethol, i weithred-oedd cangen leol plaid wleidyddol a gweithgareddau unigolyn ar y rhodfa yn Aberystwyth.

Gellir canfod cysylltiadau diddorol rhwng graddfeydd daearyddol gwahanol yng ngweithrediadau cyntaf Cymdeithas yr Iaith hefyd. Ar lefel gyffredinol, esboniodd John Davies sut y datblygodd paradocs yn ystod blynyddoedd cynnar y Gymdeithas rhwng ei llwyddiant fel mudiad cenedlaethol a llwyddiant ei changhennau lleol. Tybiwyd ar y dechrau fod angen braenaru'r tir mewn mannau penodol drwy greu canghennau lleol ynddynt cyn ystyried cynnal protestiadau mawr yno. Ar yr un pryd, peth anodd oedd annog unigolion i ffurfio'r canghennau lleol hyn heb i'r gymdeithas yn ganolog drefnu protest fawr a fyddai'n ysbrydoliaeth i weithredwyr ledled y wlad. Y mae'n arwyddocaol mai Aberystwyth oedd y lleoliad a oedd fwyaf tebygol o gyfuno'r anghenion cenedlaethol a lleol hyn. Trafodwyd eisoes y protestiadau a ddigwyddodd ar 2 Chwefror 1963, ond rhaid hefyd nodi effaith yr ymgyrchu hwn ar y defnydd o'r iaith Gymraeg mewn sefydliadau cyhoeddus ar lefel genedlaethol. Dylanwadodd yr ymgyrch, a'r cyhoeddusrwydd a ddaeth yn ei sgil, ar ddefnydd y Gymraeg mewn gwysion cyfreithiol, sef hen bwnc llosg yn hanes y mudiad iaith. Cafwyd peth tystiolaeth, er enghraifft, o'r modd yr addasodd Llys Ynadon Caerdydd ei ddull o weithredu er mwyn osgoi cwynion a phrotestiadau tebyg gan ymgyrchwyr ieithyddol eraill:

Y ddadl bennaf oedd gyda . . . [cynghorydd cyfreithiol Cyngor Caerdydd] wrth berswadio'r adran berthnasol yng Nghaerdydd i hala'r wŷs Gymraeg oedd 'Os nag y'ch chi'n gwneud, fe gawn ni brotest fan hyn.' A 'dyw gweision sifil a swyddogion cynghorau ddim eisiau protest ar drothwy eu drws; mae'n hala nhw i edrych yn ddwl, ac mae e'n gyhoeddusrwydd gwael.

Nid proses unffordd o drosglwyddo syniadau ieithyddol a gwleidyddol o Aberystwyth i leoliadau eraill yng ngweddill Cymru oedd hwn. Honnodd un ymgyrchydd yn ystod y cyfnod hwn i arweinyddiaeth Cyngor Dinas Caerdydd beri i Gyngor Tref Aberystwyth addasu ei arferion yn yr un modd: 'pan roedd Caerdydd a'r . . . *Western Mail* . . . yn dweud "Capital shows the way" ac yn y blaen, fe ildiodd Aberystwyth yn weddol fuan ar ôl hynny.' Stori gymhleth yw hon, felly, sy'n uno lleoliadau ledled Cymru, yn ogystal â graddfeydd daearyddol gwahanol. Bu'r protestiadau gwreiddiol yn Aberystwyth yn anogaeth i weinyddwyr mewn rhannau eraill o'r wlad i addasu eu hagwedd at y defnydd o'r iaith Gymraeg mewn dull *ad hoc*, ac arweiniodd hyn ei dro at gymhwyso tebyg yn nhref Aberystwyth.

Yn sgil ymgyrchoedd 1962 a 1963 dechreuodd proses o ailasesu statws cyfreithiol yr iaith Gymraeg yng Nghymru. Ym mis Awst 1963 cyhoeddwyd y byddai'r llywodraeth yn ffurfio pwyllgor dan gadeiryddiaeth Syr David Hughes-Parry i adrodd ar y statws hwn. Nid oes tystiolaeth bendant, serch hynny, fod ffurfio'r pwyllgor i'w briodoli'n uniongyrchol i'r protestiadau a ddigwyddodd yn Aberystwyth rai misoedd ynghynt. Pwysicach, efallai, oedd yr amwysedd cyfreithiol a grëwyd wrth ddefnyddio'r Gymraeg yn y papurau enwebu ar gyfer isetholiad Rhydaman ym 1962. Tybiai rhai aelodau o Gymdeithas yr Iaith, fodd bynnag, fod sefydlu'r pwyllgor yn ymateb uniongyrchol i'r hinsawdd wleidyddol a grëwyd ganddynt ym 1962 a 1963. Eto i gyd, bu gan y gymdeithas gyfraniad pwysig i'w wneud i drafodaethau'r pwyllgor ei hun. Cydweithredodd pwyllgor Hughes-Parry â'r ymgyrchwyr mewn ffordd ddigon cadarnhaol, a honnodd un aelod o'r gymdeithas a gyfrannodd i'r trafodaethau iddo dderbyn 'croeso brwd iawn, boneddigaidd iawn' ganddo.

Nodwedd arall o'r rhyngweithio cadarnhaol hwn oedd penderfyniad Cymdeithas yr Iaith i addasu ei dull o weithredu yn lleol. Tybiwyd y byddai gweithredu uniongyrchol pellach yn peryglu statws y Gymdeithas yn y trafodaethau â phwyllgor Hughes-Parry, a phenderfynwyd canolbwyntio ar ddulliau llai gweledol a chynhennus, megis llythyru a chyflwyno gwybodaeth i'r pwyllgor. Un agwedd ar y gweithredu mwy cynnil hwn oedd anfon 'llythyr diniwed', sef llythyr cyfrwng Cymraeg at bob un o'r 158 o gynghorau lleol a bwrdeistrefol yng Nghymru yn gofyn cwestiwn ffug ynghylch hynafiaethau yn eu hardal. Amcan yr ymgyrch, wrth gwrs, oedd profi nad oedd gan yr iaith Gymraeg unrhyw statws o bwys yng ngweinyddiaeth gyhoeddus Cymru.

Ffrwyth pwyllgor Hughes-Parry oedd Deddf yr Iaith Gymraeg 1967, deddf a roes i'r Gymraeg ddilysrwydd cyfartal â'r iaith Saesneg, ond bu'r mwyafrif o ymgyrchwyr yn hallt eu beirniadaeth o'r ddeddf hon byth oddi ar hynny. Nid amcan yr ysgrif hon yw gwerthuso'r ddeddf, ond yn hytrach ddangos y rhyngweithio rhwng yr elfennau gwahanol a roes fod iddi. Yr oedd y ddeddf yn ganlyniad i brosesau amrywiol a ddigwyddodd yn y 1960au: darlith radio Saunders Lewis; gweithredu gan unigolion ar strydoedd Aberystwyth; ymgyrchu cenedlaethol gan fudiad newydd Cymdeithas yr Iaith Gymraeg. Gellir ystyried deddf 1967 yn gymal ar y siwrnai tuag at statws mwy cyflawn a phellgyrhaeddol ar gyfer yr iaith Gymraeg wrth i normau ieithyddol newydd gael eu datblygu yng nghyfundrefnau cyfreithiol a llywodraethol y wlad. Nodwyd arwyddocâd y digwyddiadau hyn o safbwynt datblygiadau diweddarach yn hanes statws yr iaith Gymraeg gan un a fu'n ganolog i'r ymgyrchu ieithyddol ers y cyfnod cynharaf:

> Ond erbyn hyn, yn sgil buddugoliaethau'r Gymdeithas, rwy'n teimlo rhyw wefr o groesi Pont Hafren tua chyffiniau Cas-gwent, a 'Chas-gwent' mae'r arwyddion yn ei ddweud. A 'Chasnewydd' a 'Dim Parcio' ac yn y blaen. *O union bwynt y ffin*. O'i gymharu â beth oedd yn bodoli hanner canrif yn ôl, mae'n ymylu ar fod yn wyrthiol.

Dengys hyn fod tref Aberystwyth, fel canolbwynt daearyddol o bwys, wedi profi'n fagwrfa nodedig i ddatblygiad ymgyrchoedd iaith a chenedlaethol yng Nghymru. Hyd yma, tueddwyd i anwybyddu pwysigrwydd gofod a daearyddiaeth yn hanes datblygiad y genedl o'r 1960au ymlaen, ac y mae'n hen bryd rhoi mwy o sylw iddynt.

35 Neuadd breswyl Pantycelyn ar riw Penglais, Aberystwyth.

Rhaid ystyried dwy thema bwysig arall cyn cloi. Yn gyntaf, i ba raddau y gellir cyffredinoli ar sail un astudiaeth ynghylch y cysylltiadau rhwng tref Aberystwyth yn unig a daearyddiaeth wleidyddol y genedl Gymreig? Ni ellir gwadu nad yw daearyddiaeth Aberystwyth yn unigryw yn y cyddestun Cymreig. Tref fechan ydyw, sy'n ddyledus dros ben am ei ffyniant i Brifysgol Cymru Aberystwyth, ac, i raddau llai, Llyfrgell Genedlaethol Cymru. Gall ddibynnu ar gnewyllyn cyson o fyfyrwyr radical Cymraeg sy'n barod i roi o'u hamser a'u hegni i hyrwyddo ymgyrchoedd iaith. Y mae'n dref hefyd a fu, ac sy'n dal i fod, yn bencadlys i nifer o sefydliadau ac asiantaethau pwysig eraill yng Nghymru, sef Cyngor Llyfrau Cymru, Urdd Gobaith Cymru, Undeb Amaethwyr Cymru, Merched y Wawr, Mudiad Ysgolion Meithrin, Plaid Cymru, Cymdeithas y Dysgwyr, Pont. O ganlyniad i'r amrywiaeth hwn o sefydliadau gwahanol, a'r unigolion amrywiol sydd wedi eu cefnogi, y mae Aberystwyth wedi meithrin ymlyniad at y Gymraeg ac at genedlaetholdeb Cymreig. Yn ôl un ymgyrchydd profiadol, ceir yn y dref garfanau arbennig o bobl 'sy'n creu ar un ystyr ryw fath o "think tank" anffurfiol, gwleidyddol yn sicr' ac y mae llawer iawn o syniadau yn cyniwair yno. Yr un modd, bu lleoliad daearyddol Aberystwyth yn dra phwysig o ran ei henw fel pair i genedlaetholdeb. Yn wahanol i Fangor – tref fechan arall a chanddi brifysgol – saif yng nghanol Cymru, ac oherwydd hynny bu modd iddi ddatblygu'n fan cyfarfod cyfleus ar gyfer pobl a mudiadau gwahanol. Wrth gwrs, fe all yr elfen unigryw hon wrthbrofi honiadau a wnaethpwyd yn yr ysgrif hon hyd yn hyn. Gall arwahanrwydd Aberystwyth olygu nad oes modd cyffredinoli ynghylch cyfraniad lleoliadau eraill i dwf cenhedloedd mewn cyd-destun ehangach. Eto i gyd, y mae gan sawl math o leoliad y potensial i gyfoethogi cenhedloedd. Dangosodd astudiaethau cymdeithasegol gan Graham Day, Ralph Fevre ac Andrew Thompson, er enghraifft, fod modd i leoliadau gwahanol ffurfio perthynas glòs er lles y genedl Gymreig, ac y gellir dehongli digwyddiadau y tu mewn i farchnadoedd tai lleol a hyd yn oed drafodaethau mewn tafarndai fel enghreifftiau lleol o wleidyddiaeth ehangach. Yr un modd, gall y digwyddiadau a'r trafodaethau lleol hyn gyfrannu – mewn ffyrdd cynnil – at esblygiad y genedl wrth gael eu defnyddio a'u hailwampio o fewn rhethreg yr oes. Y mae gan bob lleoliad o fewn a thu hwnt i'w ffiniau y gallu i liwio ei · normau a'i hideolegau amrywiol.

Wedi dweud hyn, diau bod gan rai lleoedd eraill gyfraniad pwysig i'w wneud, ac yn hyn o beth cyfyd ail gwestiwn diddorol ynghylch cyfraniad unigolion a sefydliadau yn Aberystwyth i dwf y genedl Gymreig. A oes yna leoliadau eraill yng Nghymru sy'n llywio rhawd y genedl bellach? Honnodd un tyst, er enghraifft, fod ad-drefnu llywodraeth leol yng Nghymru wedi arwain at ddirywiad yn statws cyffredinol Aberystwyth:

> yr hyn ddigwyddodd oedd bod Aberystwyth . . . a Cheredigion . . . ddechrau'r saithdegau, wedi colli eu hurddas a'u statws. Hynny yw, cael eu llyncu yn Nyfed i ddechrau. A wedyn symudodd yr holl ffocws gwleidyddol i Gaerfyrddin. Caerfyrddin oedd prif dref Dyfed. Doedd Aberystwyth yn ddim byd.

Y mae newid o'r fath yn arwyddocaol yn y lle cyntaf am ei fod yn dwyn ein sylw at botensial gwleidyddiaeth ffurfiol leol – yng nghyd-destun cynghorau plwyf, tref a dosbarth – i gynhyrchu ystod o ymgyrchwyr cenedlatholgar. Ond rhaid cydnabod hefyd mai o blith y gymdeithas sifil y cafwyd y carfanau mwyaf sylweddol o brotestwyr ac ymgyrchwyr iaith. Dadleuir yma nad ad-drefnu llywodraeth leol a fu bwysicaf, ond yn hytrach y datblygiadau daearyddol pellgyrhaeddol a ddigwyddodd yng ngwleidyddiaeth a chymdeithas sifil Cymru yn ystod y degawdau diwethaf. Y newid pennaf yn y cyswllt hwn oedd dylanwad economaidd, gwleidyddol a diwylliannol cynyddol dinas Caerdydd. Honnodd nifer o'r unigolion a fu'n gysylltiedig â'r ymgyrch iaith yn Aberystwyth ar hyd y blynyddoedd fod perygl mawr yn deillio o'r ffaith fod 'pawb eisiau mynd i Gaerdydd' yn sgil datblygiadau ym maes y cyfryngau a sefydlu'r Cynulliad Cenedlaethol a'i sefydliadau cysylltiedig. Cyfrannodd y mudo mawr hwn i ryw raddau at y 'chwyldro tawel' a ddigwyddodd yn naearyddiaeth yr iaith Gymraeg. Y mae'n fwy na thebyg mai'r rheini sy'n mudo i Gaerdydd – siaradwyr Cymraeg addysgedig at ei gilydd – yw'r union math o bobl a fuasai gynt yn asgwrn cefn y mudiad iaith mewn lleoedd fel Aberystwyth. O ganlyniad, y mae'n ddigon posibl mai Caerdydd ac nid Aberystwyth fydd y fagwrfa fwyaf arwyddocaol ar gyfer y genedl Gymreig yn y dyfodol.

Serch hynny, gellid dadlau y bydd modd i Aberystwyth barhau i gynnal ei statws fel un o aelwydydd gwleidyddiaeth ieithyddol yng Nghymru. Y mae'r dref hon, oherwydd ei lleoliad yn y canolbarth, yn dal i ymddwyn fel 'man cyfarfod' llythrennol a throsiadol pwysig ar gyfer y Cymry. Gellid dadlau hefyd fod maint Aberystwyth a Chaerdydd yn dylanwadu ar eu potensial i hyrwyddo cenedlaetholdeb. Pwysleisiodd un tyst a fu'n ymwneud â'r ymgyrch iaith yng Nghymru yn ddiweddar rai o'r gwahaniaethau gofodol sylfaenol hyn:

> Ond mae gofod daearyddol yn bodoli ac mae'n bwysig . . . Dyna lle mae Aberystwyth wedi bod yn llwyddiannus, sydd ddim yn wir am lawer o lefydd eraill. Sydd ddim, i ddweud y gwir, yn wir am Gaerdydd, er gwaetha'r holl Gymry Cymraeg sydd yno, siaradwyr Cymraeg sy'n byw yng Nghaerdydd yn eu degau o filoedd. Heblaw am y capeli, does gyda chi ddim gofodau o Gymraeg fel y cyfryw sy'n gallu caniatáu datblygiad y math o gymdeithas sifil Gymraeg ei hiaith sy'n bodoli yn Aberystwyth.

Un enghraifft o hyn yw'r cynnydd sylweddol a fu yn yr ymgyrchu dros yr iaith ar gampws Prifysgol Cymru Aberystwyth. Dechreuodd cyfnod newydd o brotestiadau ar ddechrau'r unfed ganrif ar hugain dan arweiniad llywyddion Undeb Myfyrwyr Cymraeg Aberystwyth (UMCA). Byrdwn dadleuon y myfyrwyr oedd bod angen cynyddu'r ddarpariaeth cyfrwng Cymraeg a gynigir yn Aberystwyth ac mewn sefydliadau addysg uwch ledled Cymru, a chefnogwyd yn daer y cysyniad o sefydlu coleg ffederal er mwyn hybu hyn.

Y mae sawl elfen nodweddiadol yn perthyn i'r ymgyrchu cyfoes hwn, a dylid nodi'r ddwy bwysicaf. Yn gyntaf, myfyrwyr Aberystwyth sydd wedi hybu'r ymgyrch hon ynghylch addysg uwch cyfrwng Cymraeg, ac y mae'r mwyafrif o'u protestiadau wedi digwydd ar y campws ac yn y dref. Cafwyd protest amlwg iawn ar ddiwedd Ionawr 2004,

36 Protest myfyrwyr ynghylch yr angen i wella'r ddarpariaeth cyfrwng Cymraeg ym Mhrifysgol Cymru, Aberystwyth. Jane Davidson, Gweinidog Addysg y Cynulliad Cenedlaethol, sy'n ymresymu â hwy.

er enghraifft, pan dynnwyd sylw at wendidau honedig y ddarpariaeth cyfrwng Cymraeg ym Mhrifysgol Cymru Aberystwyth, ac yn y sector addysg uwch yng Nghymru. Bu'r brotest hon yn destun llawenydd a balchder i un o arweinyddion yr ymgyrch:

> Daeth rhwng 300 a 350 o fyfyrwyr i eistedd yn yr oerfel tu fas a blocio'r ffordd i mewn i'r Brifysgol trwy'r dydd, o wyth tan bump, dwi'n credu. A fi mor, mor browd o'r myfyrwyr am wneud hynny. Achos oedd e ddim yn bleserus. Oedd e ddim yn 'cushy' protest, oedd e'n 'freezing'. Ac fi'n credu bod e'n bwysig iawn i bobl weld bod 'na 'staying power', bod ni mor grac am rywbeth . . .

Ond nid adlewyrchu diddordebau a dyheadau plwyfol myfyrwyr Aberystwyth yn unig a wnaeth y protestiadau hyn. Ceir cryn dystiolaeth fod myfyrwyr o Aberystwyth wedi bod yn gnewyllyn pwysig mewn protestiadau eraill ledled Cymru a Phrydain. Soniodd un ymgyrchydd, er enghraifft, am y rhwystredigaeth a deimlai wrth fynychu protestiadau a raliau mewn lleoliadau eraill a chanfod mai 'jyst criw Aber [oedd yn] mynd'. Y mae'n bur debyg, felly, fod Aberystwyth wedi llwyddo i gynnal ei statws fel pair pwysig ar gyfer ymgyrchu a phrotestio yng Nghymru.

Yn ail, bu'r protestio yn Aberystwyth yn llwyfan i ymgyrchoedd ehangach hefyd. Cafwyd un enghraifft nodedig yn ystod gaeaf 2003–4. Ar ôl cynnal cyfres o brotestiadau yn ystod hydref 2003 ynghylch yr angen i wella'r ddarpariaeth cyfrwng Cymraeg ym Mhrifysgol Cymru Aberystwyth yn benodol, penderfynodd yr ymgyrchwyr newid y ffocws drwy dynnu sylw at ddiffyg cefnogaeth y Cynulliad Cenedlaethol i'r iaith Gymraeg yn y sector addysg uwch yng Nghymru. Bu ymweliad Jane Davidson AC, Gweinidog Addysg y Cynulliad, ag Aberystwyth ym mis Hydref 2003 yn ysbardun pwysig. Yn ôl un o arweinwyr yr ymgyrch, 'roedd hynny'n gyfle euraid i ni allu canolbwyntio ar y Cynulliad yn hytrach na'r Brifysgol am ychydig. Achos mae'n "two-pronged approach" mewn ffordd'. Mynychodd dros bedwar cant o fyfyrwyr y brotest honno a llwyddwyd i holi Jane Davidson yn uniongyrchol ynghylch y diffyg nawdd ariannol ar gyfer defnyddio'r iaith Gymraeg mewn addysg uwch yng Nghymru. Er nad oes tystiolaeth bendant i'r brotest hon annog Llywodraeth y Cynulliad i ailystyried ei pholisi o safbwynt yr iaith Gymraeg o fewn y sector addysg uwch, y mae'n werth nodi bod y Gweinidog Addysg wedi datgan ychydig fisoedd yn ddiweddarach y byddai nawdd ariannol ychwanegol yn cael ei ddargyfeirio o'r Gronfa Ailgyflunio a Chydweithio er mwyn cwrdd â'r angen dybryd am gefnogaeth ar gyfer dysgu drwy gyfrwng y Gymraeg. Unwaith eto, dengys yr enghraifft hon sut y chwaraeodd trigolion Aberystwyth eu rhan o fewn rhwydweithiau cenedlaethol ehangach.

Nod yr ysgrif hon fu pwysleisio arwyddocâd daearyddiaeth yn hanes twf ymgyrchoedd dros yr iaith yng Nghymru. Er bod themâu yn ymwneud â thirlun y genedl Gymreig wedi eu hastudio mewn cryn ddyfnder, rhoddwyd llai o sylw i bwysigrwydd cysyniadau daearyddol eraill megis lle a graddfa. Dengys y drafodaeth uchod, serch hynny, fod y themâu hyn yn gymorth i ni ddeall rhai o'r prosesau amrywiol a fu'n cyfoethogi'r genedl Gymreig yn y cyfnod diweddar. Cyfrannodd tref Aberystwyth yn benodol mewn sawl ffordd i esblygiad ideoleg genedlaethol yng Nghymru o'r 1960au ymlaen ac y mae ei chyfraniad wedi parhau hyd heddiw. Dylem gofio nid yn unig y digwyddiadau a'r prosesau amrywiol sy'n gysylltiedig â chenhedloedd ond hefyd y lleoedd amlwg hynny a fu'n gynnyrch, ac yn gynhyrchwyr, ideolegau cenedlaethol. Ymhlith y mannau hynny sy'n rhan annatod o gof cenedl y Cymry saif tref Aberystwyth.

DARLLEN PELLACH

Alon Confino, *The Nation as a Local Metaphor: Württemberg, Imperial Germany and National Memory, 1871–1918* (Llundain, 1997).

John Davies, 'Blynyddoedd Cynnar Cymdeithas yr Iaith Gymraeg', yn Aled Eurig (gol.), *Tân a Daniwyd* (Aberystwyth, 1976).

Ralph Fevre, John Borland a David Denney, 'Nation, Community and Conflict: Housing Policy and Immigration in North Wales', yn Ralph Fevre ac Andrew Thompson (goln.), *Nation, Identity and Social Theory: Perspectives from Wales* (Caerdydd, 1999).

Pyrs Gruffudd, 'Remaking Wales: Nation-Building and the Geographical Imagination', *Political Geography*, 14, rhif 3 (1994).

Nuala Johnson, 'Cast in Stone: Monuments, Geography and Nationalism', *Environment and Planning D: Society and Space*, 13, rhif 1 (1995).

Rhys Jones a Luke Desforges, 'Localities and the Reproduction of Welsh Nationalism', *Political Geography*, 22, rhif 3 (2003).

Rhys Jones a Carwyn Fowler, 'Placing and Scaling the Nation', *Environment and Planning D: Society and Space* (i'w gyhoeddi yn 2007).

Dylan Phillips, *Trwy Ddulliau Chwyldro . . .?: Hanes Cymdeithas yr Iaith Gymraeg, 1962–1992* (Llandysul, 1998).

Andrew Thompson a Graham Day, 'Situating Welshness: "Local" Experience and National Identity', Ralph Fevre ac Andrew Thompson (goln.) yn *Nation, Identity and Social Theory: Perspectives from Wales* (Caerdydd, 1999).

Colin H. Williams, 'On recognition, resolution and revitalization', yn Colin H. Williams (gol.) *Language Revitalization: Policy and Planning in Wales* (Caerdydd, 2000).